JN065622

地域共生社会をつくる

多職種連携・協働のあり方とは

●編　著●

大塚眞理子（長野県看護大学・学長）

木戸　宜子（日本社会事業大学専門職大学院・教授）

鶴岡　浩樹（日本社会事業大学専門職大学院・教授）

株式会社 ワールドプランニング

刊行にあたって

保健医療福祉職の実践には，多職種連携・協働が不可欠です．チーム医療や地域包括ケアシステムの構築の取り組みによって，その実践知は体系づけられてきています．2020 年，地域包括ケアシステムから地域共生社会の実現に向けて，施策が動き出していた時，新型コロナウイルス感染症による世界的なパンデミックが巻き起こりました．保健医療福祉の実践の場では，未知なる感染症との戦いに翻弄されましたが，社会の ICT 化が急速に発展する契機になりました．多職種連携・協働についても，さまざまな工夫が行われ，新しい連携協働の姿が現れてきました．

本書は，2000 年の介護保険制度導入後にわが国に導入された Interprofessional Work（IPW）と Interprofessional Education（IPE）を理論基盤とし，コロナ禍後の地域共生社会の実現に向けた，重層的支援体制整備事業，多機関協働事業に役立つ，多職種連携・協働のあり方について解説しました．序章では，コロナ禍を経た地域共生社会に向かう連携協働について課題提起しています．第 1 章から第 4 章は，理論編です．第 1 章は，日本の保健医療福祉分野で多職種連携が必要と IPE/IPW の導入です．第 2 章は，社会の変化に伴う保健医療と福祉分野のパラダイムシフトについて，第 3 章は，IPW を実践する専門職の連携力と実践スキルについて，第 4 章は，IPW の実践方法を解説しています．第 5 章と第 6 章は，実践編です．第 5 章は，多職種連携協働の事例紹介です．第 6 章は，IPW 分析シートを活用した事例検討の研修と，多職種カンファレンス場面のロールプレイ研修の方法です．第７章は，コロナ禍を経て地域共生社会に向かう IPW の今後の展望について，私たちの鼎談を掲載しました．

地域福祉に取り組む皆さま，保健医療・看護や福祉・介護に携わる皆さま，地域の支え合いに取り組む皆さまなどに手に取っていただき，実践や研修にご活用いただければ幸いです．

この場をお借りして，第５章の事例を提供してくださった，小野寺由美子さま，木伏 正有さまにお礼を申し上げます．そして，本書の出版にご尽力いただきました（株）ワールドプランニングの関係者各位に感謝申し上げます．

2023 年 10 月

大塚眞理子（長野県看護大学・学長）
木戸　宜子（日本社会事業大学専門職大学院・教授）
鶴岡　浩樹（日本社会事業大学専門職大学院・教授）

もくじ

序章　地域共生社会に向かう多機関・多職種連携

1．地域包括ケア，コロナ禍を経て地域共生社会の実現へ

日本の社会構造の変化，ニーズの多様化や複雑化という背景を踏まえて，地域共生社会の実現が求められています．2020 年に始まった新型コロナウイルス感染症によるパンデミック，コロナ禍を経て，保健医療福祉のみならず地域社会のさまざまな課題が浮き彫りになってきています．今後は地域共生社会の実現に向けて，保健医療福祉の連携力，地域力の強化を図っていくことが求められます．

地域共生社会には，制度・分野の枠や，「支える側」「支えられる側」という従来の関係を超えて，包摂的なコミュニティ，地域や社会を創る理念があります．またキーワードとして，「人と人，人と社会がつながる」「助け合いながら暮らしていくコミュニティ，社会」などが挙げられています．日本の高齢社会において，住まい・医療・介護・予防・生活支援を一体的に提供する地域包括ケアシステムの理念を普遍化し，高齢者のみならず，生活上の困難を抱える障害者や子どもなどが地域において自立した生活を送ることを目指します．地域住民による支え合いと公的支援が連動し，地域を丸ごと支える包括的な支援体制を構築し，切れ目のない支援を目指します．

背景には，実践領域や分野を超えた横断的支援を要するニーズが顕在化してきている現状があります．たとえば，社会での生きづらさを抱えひきこもり状況にあったり，生活意欲低下や病を抱えてセルフネグレクトといわれる状況にある人々がいます．また複合世代

で暮らす家庭で介護や困窮などの生活課題が絡み合い，複雑化した世帯ニーズがあります．このような多様化，複雑化したニーズに，現状の福祉制度では十分対応できているとはいえません．ニーズを抱える人々に関わる対人支援実践も長期にわたり，問題解決にいたらない状況があります．コロナ禍を経て，問題がさらに複雑化，潜在化している状況もうかがわれます．

このような状況に対して，総合的包括的な支援を進めていかなければなりません．具体的な課題解決を目指すアプローチはもとより，それだけでは解決にいたらないニーズに対しても，つながり続けることを目指す伴走型支援も活用していかなければなりません．自ら支援を申し出てこない人々の存在や，地域に潜在化するニーズを積極的に把握していく必要もあります．またこのような対人支援を進めるための，地域の主体的な取り組み，地域力の強化も図る必要があります．

2．コロナ禍で学んだ連携協働

地域包括ケアから地域共生社会を目指すなかで生じたコロナ禍による社会変化は，連携協働を基盤に据えた保健医療福祉の支援論の方向性に新たな課題を突き付けました．すなわち，①支援対象者のためにと同時に支援者も守ることが求められること，②問題解決から目標志向の支援方法をより明瞭に打ち出す必要性が高いこと，③専門職の連携協働から専門職と非専門職との連携協働における連携のスキルが必要となること，④予防から看取りまでの支援プロセスを予測した連携の見通しがより必要になること等です．連携協働は複数の領域の専門職間の学び合う関係性が基盤となります．WITHコロナの社会に向けた地域共生社会への連携協働は，これらを踏まえた連携協働の方法論として再構築する時期に来ています．

当時を振り返ると，新型コロナウイルス感染症によるパンデミックは，軌道にのりはじめた地域での連携協働を一時的に止めました．一方で，当事者の病気の進行は待ってくれません．日々変化する新型コロナウイルス感染症の情報も地域で共有しなければなりません．何とか連携して対応をということで，医療介護専用 SNS 等を活用した ICT 連携が本格化していきました．コロナ禍前は，医師，看護師，薬剤師など一部の積極的な専門職が ICT 連携を行うものの，介護職や福祉職の参加は少数でした．コロナ禍を機に，多くの機関と専門職が ICT 連携を実践するようになりました．連携協働のための勉強会もオンライン開催が中心となり，地域全体で ICT のスキルを獲得していきました．集団的な感染，クラスターによる事業所の運営停止に備え，事業所間での連携が深まり，クラスター時の支援体制も構築されました．また医療者が介護保険施設などに訪問し，感染予防やゾーニングの方法を現場でともに考える等の取組みもなされました．このように連携のあり方が，コロナ禍によって大きく変わったのは，専門職も住民も関係なく，全人類が新型コロナウイルス感染の当事者であったからでしょう．

2023 年 5 月より感染症法の位置づけが 5 類となりましたが，コロナ禍で獲得した新しい連携のスキルも加え，新たなる連携協働が始まろうとしています．

3．地域における包括的な支援体制のための連携協働

1）包括的な支援とは

地域包括ケアシステムにおいて行われてきた支援活動の包括化が求められています．包括的な支援とはどう捉えたらよいでしょうか．

従来のサービス提供や個別支援と比較すると，包括的な支援は，目指すところ，目標は広く理念として表され，さまざまな立場の人と協力体制をとりながらシステム全体に目を向けていくことになります．

専門的支援には，ニーズを把握したらアセスメントを行い，支援の方針を見定めたうえで支援計画を立て，支援活動を実施するという，専門性に基づく活動のプロセスがあります．それに対して包括的な支援のプロセスは，専門職の支援活動の一連のプロセスとして捉えるのではなく，支援に関わる人を広げ，支援体制をもって対応する，ことになります．それは取り上げようとしているニーズや生活課題は，そのまま放置はしておけないが切迫性があり，気がかりと思われるものであるため，当面は観察や見守りを続けるしかないようなものだからです．新たな対応策を模索しながら，継続的に，連携体制による対応が期待されています．

包括的な支援としては，ニーズに気づいたら，まずは同僚やチーム・組織において気になることを提起，共有する．話し合う場をもち，緊急性を見極めながら，当面の対応計画を検討する．地域課題として同様のニーズある可能性を認識し，見守りのための連携体制やネットワークも作っていくことになります．それには利用者・住民・専門家等さまざまな立場からの参画，パートナーシップ，共同創造が必要です．

このように“包括”の意味は，明確ではないが地域に存在しているニーズ，生活課題を取り上げるための支援を，専門職連携・地域連携をもって対応していくことに他なりません．

2）ニーズ把握における専門性発揮

地域の包括的な支援として，専門職の連携協働は，地域包括ケアシステムにおいて重視されてきた以上に，実践の視野を地域支援，予防的支援に広げていく必要があります．ニーズや問題への対応，ニーズを抱える人への支援のために，職種の専門性を発揮することはもとより，リスクマネジメント，予防的視点から，問題状況に悪化が認められたならばすぐに対応するための連携協働体制が求められます．またそれらを通じて，未来志向の，人々のウェルビーイングを目指すものになっていく必要があるでしょう．

地域においてみられる生活ニーズ，地域生活課題は，これに困っている，これをしてほしいといえない，はっきりしていないことも多くあります．なんとなく暮らしにくさを感じるというもの，そもそも生活上の支障だとも自覚していないというもの，また当人よりも周りが心配に思っていることもあるでしょう．何らかの生活上の支障を感じても，それに対する対応策や支援などがあるとは思っていなければ，対応してほしいと申し出たり，相談するという行動にはでないかもしれません．支援者や専門機関も，具体的な対応策をもっていなければ，ニーズ把握に消極的になってしまいます．そうして地域におけるニーズは潜在化していきます．予防的視点による早期発見・早期把握は重要ですが，このように地域におけるニーズ把握が容易ではない状況があるのです．そのような状況で時間がたち，問題が悪化してきた人が，保健医療機関につながることも多くみられます．

地域におけるニーズの早期発見・早期把握をするには，まずニーズがあることに気づき，気に留め，受け止める必要があります．専門職は，利用者や患者に対する支援や問題対応にあたってきた経験の蓄積を生かして，ニーズを抱えていそうな人はどういう行動や態度を示すのか，どういう働きかけがニーズの顕在化につながるのか，先を見通す目，先見性をもって，専門職の知識や専門性を活用する必要があります．

すぐに問題対応や支援が必要とはいえなくても，気がかりな状況があれば，継続的に見守るためにも連携・協働は必要です．地域のサロンやカフェなどに最近顔を見せなくなった人がいる，通院している患者の様子がいつもとは少し違う，そのような変化をキャッチし，連携でつないでいくことが問題悪化予防につながると思います．気がかりと思われる状況は，氷山の一角として表れてきたと考え，ほかにも同様のニーズが必ずあるはずだと認識し，そのようなニーズがあることを周囲にも発信し共有していく必要性もあります．

3）アウトリーチとニーズの受け止め

地域における包括的な支援は，見守りや予防的支援が必要な，気がかりと思われるようなニーズに対応するものであるだけに，多側面からのアセスメントや方針検討のための協議が必要となり，連携協働で行うことが前提です．包括的な支援体制の構築，包括的な支援の推進には，地域においてすでに展開されてきた専門職連携・地域連携が，その体制基盤になるはずです．

アウトリーチとは，さまざまな課題を抱えているにも関わらず，自ら支援にアクセスできない人や支援を求めようとしない人々への対応など，地域のニーズの把握や関係づくりを目的として，専門職が地域に出向いていく積極的な働きかけを意味します．社会的孤立や家庭内での複合化・複雑化したニーズなどが徐々に顕在化してきている今日，地域におけるニーズやアウトリーチ，専門的なアセスメントにより，今後起こり得るニーズやその不安にも目を向けていく対応が必要です．各専門職が気づき，ニーズを受け止め，地域連携による対応に結びつけていく必要があります．

また各機関の支援窓口において，まず持ち込まれた相談を受け止める体制が重要となります．各機関はそれぞれ専門的機能を担っていますが，その対象にならないからといって，対応を断ってしまうことがあれば，そこで関わりが止まってしまうことになります．相談を受け止め，ニーズがあると理解し，関係者や機関につなぐ機能を発揮し，必要であれば協議の場をもち，地域連携による対応に結びつけていく必要があります．

4）カンファレンスにおける事例の集約

組織内のカンファレンスや機関間の担当者会議などの協議の場を通して培われてきた連携協働は，包括的な支援体制においてさらなる推進が求められます．多職種連携・協働活動を展開する場面として，カンファレンスが重要となります．多職種の参加によって多角的な観点からアセスメントを行い，支援や治療方針を協議していくことは，連携協働の醍醐味でもあります．

包括的な支援体制において開催される支援会議なども，関係者の協力に基づいて推進していくことになります．支援会議などの協議の場は，多職種・多機関が関わってきた気になる事例を共有し，ニーズを集約し，地域課題として共有する機会でもあります．地域に点在するニーズ，まだ顕在化していないニーズ，気がかりな状況などに目を向け，多職種・多機関による単なる情報共有にとどまらず，明確ではないニーズに対しても支援方針を協議し，見守りなどに関わる機関・専門職の役割分担も含めた支援計画を立てていく必要があります．

地域における連携協働を前提としても，把握されたニーズ，生活課題への対応は，明確な成果を求めることは難しいものもありますが，人々の生活の維持強化を目指す必要があります．地域における予防的支援として，多職種・多機関の連携協働により継続的にニーズ状況を確認し，状況悪化が認められた場合にはすぐ介入できるような連携体制，また課題状況を共有し確認しあえる協働体制が求められています．

4．地域共生社会の実現に向けたチャレンジ

専門職や専門機関が単独で行う支援活動については，縦割りの弊害への対応策として，連携協働の考え方や実践が発展し，チーム医療や地域の機関間連携，地域連携が促進され，成果が得られるようになりました．わが国の地域包括ケアも，利用者や患者中心に専門職や非専門職，住民等とのパートナーシップの下で問題解決や課題追求をしてきました．

2019 年からの新型コロナウイルス感染症のパンデミックは，支援者である専門職が支援中に感染する危険性があり，支援者も患者・利用者となることがありました．支援者と患者・利用者はいつでも交換し得る裏腹の関係であることを体験しました．つまりパンデミックにおいては患者・利用者も当事者，支援者も当事者なのです．また人々すべてが感染予防を必要とする当事者です．当事者全体を守るという連携協働の考え方と方法が必要になってくるのです．

時代は，地域包括ケアから地域共生社会へと向かっています．コロナ禍を経た地域共生社会において，支える人と支えられる人という関係ではなく，共に支え合う対等な関係性が求められます．したがって，一時的な問題解決や課題解決ではなく，つながり合い，継続して関わっていく伴走型アプローチが必要になってきます．まさに，継続してつながり合う連携協働になってきます．そして，これまでの連携協働の方法を関係者すべてが身につけていくことが必要になってくるという新たなチャレンジが始まるのです．

【文　献】

・「地域共生社会に向けた包括的支援と多様な参加・協働の推進に関する検討会」（地域共生社会推進検討会）の最終とりまとめ（令和元年 12 月 26 日）.
・木村容子・小原眞知子編著：ソーシャルワーク論Ⅰ；基盤と専門職．法律文化社（2023）.
・全国社会福祉協議会「社会福祉学習双書」編集委員会編：社会福祉学習双書 2023；医学概論・保健医療と福祉．全国社会福祉協議会（2023）.

第１章　保健医療福祉の連携協働

第１章では，日本の保健医療福祉分野で多職種連携が必要となった経緯および，海外で IPE と IPW が推進された経緯と日本への導入について紹介します．

１．保健医療福祉分野における連携の必要性

１）日本社会の構造的な変化

日本社会は，1970 年代以降高齢者人口が急速に増加し，1994 年には高齢化率が 14%を超え，高齢社会となりました．平均寿命も延び，高齢者を中心に疾病の慢性化，長期化が課題となり，医療費の増大も経済的な課題となってきました．日本の医療は，疾病を直すという医療モデルだけでは対応できなくなり，老いや障害があってもよりよい暮らしを社会的に支援する生活モデルや社会モデルが必要となってきました．それらの対策として，入院期間の短縮や後期高齢者医療制度などの医療制度の改革が行われ，また，家族任せにしていた高齢者や障害者の介護を，社会で担う介護保険制度が 2000 年に創設され，介護の社会化が謳われました．このような変化に対応する保健医療福祉の実践活動は，それを担う専門職同士が単独で実践するのではなく，これまで以上に連携しなければ実践できないという状況になったのです．

２）QOL の向上が共通の目標

保健・医療・福祉の活動は，対人支援の活動です．健康を保持増

進し，病気を治し，幸せな暮らしを支援するという人のLifeに係る活動です．Life の意味は，生命，生活，人生であり，人を丸ごと表現しています．保健・医療は「人の生命を守る」という視点から，人の日常生活と人生を見据えて支援を行います．福祉は「人の人生と社会生活を守る」という視点から日常生活や生命を見据えて支援を行います（田中，2008）．つまり，人のLifeは生命・生活・人生のうちの１つを意味するものではなく，生命・生活・人生の総合的な視点でLifeを丸ごと支援しなければなりません．Quality of Life（QOL）は質の高いLifeという意味であり，保健・医療・福祉の支援活動の共通する目標です．医療は生命を守ります．医療職である看護職は，その人の人生を視野に入れつつ直接的には生命を守り，健康的な生活の支援をします．福祉職は，その人の人生に関わりながら生計や日常の暮らしを支援します．医療職と福祉職では，Life に関わる視点が異なりますので，それぞれが別々に活動していては人のLifeを丸ごと支援することはできません．したがって，その人の支援課題に保健・医療・福祉の専門職が多様な側面から支援を行い，かつ人の暮らしのプロセスを継続的に支援することが求められます．そのためには，支援に関わる人々の連携が必要となります．人のLifeの支援には保健・医療・福祉の連携が必要なのです．

２．日本における保健・医療・福祉の連携

１）連携と協働，統合の考え方

日本で保健医療福祉の連携についての記述は，前田による「保健医療福祉の統合（1990）」にみることができます．前田は，連携とは，「異なる分野が １ つの目的に向かっていっしょに仕事をすること」と述べています．保健医療福祉の支援活動では，まず別々の組

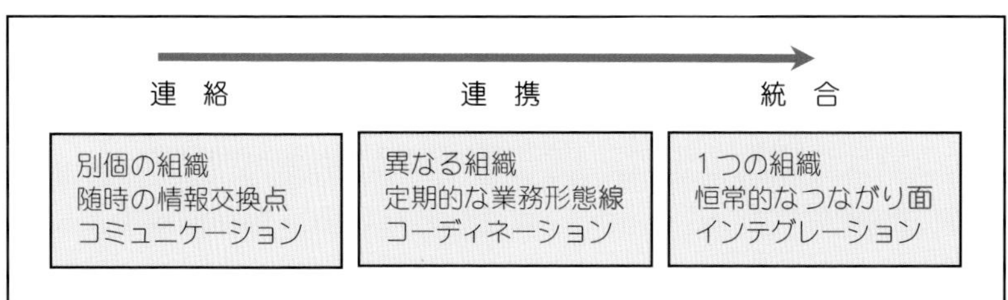

第１図　連携と協働，統合の考え方

織が必要な支援活動のために情報交換などの「連絡」を取り合う関係から，業務提携を行い定期的な情報交換や支援を行うようになるのが「連携」です．そして１つの組織のように恒常的なつながりができるようになると保健医療福祉の「統合」に至ります．つまり，「統合」は，利用者の個別支援で不可欠な連携が組織化され，保健医療福祉のシステムとして機能するようになることです．

一方，協働（collaboration）の言葉は，介護保険制度が生まれたころから使われ始めました．辞書的には「共に働くこと，協力すること」を意味します．保健医療福祉の異なる職種がいっしょに働くと，互いに影響し合いますので，そこで新しい発想が生まれたり，創造的な活動をすることができます．したがって，保健・医療・福祉の専門職がいっしょに活動を行う場合に，「連携協働」と２つの言葉をいっしょに使うことが増えています．また，統合はシステム化ができるということだけではなく，新しい発想や支援が創造的に生み出されるという意味で使われるようになっています．

２）チーム医療の発展

日本の医療機関では，1970 年代ごろからチーム医療が行われるようになりました．病院内で働く医師と看護師に加え，薬剤師，理学療法士や作業療法士，医療ソーシャルワーカー，管理栄養士などの職種の連携協働による医療活動です．チーム医療を促進するために，医療安全管理や感染症対策，褥瘡ケアなどを担う医療チームの活動に診療報酬がつくようになりました．また，医療の高度化に伴い医療事故も増えており，組織的にチーム医療を促進する必要性も高まりました．

病院の専門職は，経験的にチーム医療を実施していました．専門職同士がチーム医療をどのように実施するのか，その考え方やスキルは体系づけられていませんでしたが，一般的なチーム論をチーム医療に取り入れるようになってきました．

2009 年に厚生労働省は「チーム医療の推進に関する検討会」を設置し，チーム医療について，「医療に従事する多種多様な医療スタッフが，おのおのの高い専門性を前提に，目的と情報を共有し，業務を分担しつつも互いに連携・補完し合い，患者の状況に的確に対応した医療を提供すること」と定義づけました．

3）介護保険制度に伴うチームアプローチの誕生

介護保険制度では，「介護の社会化」を旗印にケアマネジャー（介護支援専門員）という新しい職種が誕生しました．ケアマネジャーが要となって多職種とともにケアプランを立案しサービスを提供し，それをチームアプローチで行うことが謳われました．ケアマネジャーやヘルパー，訪問看護師などの多職種は，病院のチーム医療とは異なり，所属する機関が別々のことが多いのです．つまり，介護保険制度のチームアプローチは，異なる機関に所属する専門職同士の活動となります．

新たに誕生した介護保険制度によるチームアプローチは，それに携わる専門職同士の活動についての明確な方法はありませんでした．

３．IPE と IPW の日本への導入

１）イギリスから世界に広がる IPE と IPW

イギリスでは，地域の家庭医を中心にコミュニティケアが進展していた背景があり，医師と訪問看護師や作業療法士，ソーシャルワーカーなどが連携して保健医療福祉の支援活動をしていました．1987 年には一地域の家庭医と専門職によって，「専門職連携教育推進センター： Centre for the Advancement of Interprofessional Education（CAIPE）」が開設されています．この団体は，現在では，世界的に IPE と IPW の研究・教育・普及組織に発展しています．

1998 年，イギリスのブリストルにある小児病院で医療事故が起こりました．事故調査報告では，だれか１人の責任というよりは院内の組織的な連携不足が原因であるとの指摘がなされました．また 2000 年には，児童相談所や病院，保育所など，地域の専門機関が関わっていたにもかかわらず，6 歳の女の子が養母らの虐待によって死亡するという虐待事件が発生しました．この事件も関わった機関間の連携不足が原因であると指摘されました．これら２つの事故と事件は氷山の一角にすぎず，イギリス政府は保健医療福祉分野でサービス提供者の連携力を高め，連携による実践活動を促進する政策を展開しました．そこには，Interprofessional という考え方に基づく実践，教育が推進されました（新井，2007）．

２）Interprofessional という考え方

Inter の意味は，「間に，相互に」であり，professional は「専門的な，専門職の」です．ですから interprofessional は，専門職同士の関係性に着目して「互いに専門性を補い合う」や「互いの専門性を学び合う，尊重し合う」という意味が込められています．CAIPE は，

Interprofessional Education occurs when two or more professions learn with, from and about each other to improve collaboration and the quality of care (CAIPE, 2002)

CAIPE : the UK Centre for the Advancement of Interprofessional Education

専門職連携教育（IPE）とは，複数の領域の専門職者が連携およびケアの質を改善するために，同じ場所でともに学び，お互いから学び合いながら，お互いのことを学ぶこと．

埼玉県立大学編：新しい IPW を学ぶ利用者と地域とともに展開する保健医療福祉連携，中央法規出版，東京（2022）．

第２図　CAIPE による IPE の定義

この考え方に基づき，Interprofessional Education（IPE）について，定義づけをして普及しています．そして，WHO も保健医療福祉の専門職が「Learning Together for Working Together（共に働くために共に学ぶ）」と，Interprofessional に基づく実践を推奨しています．

３）Interprofessional の７つの要素

CAIPE は，1984 年に家庭医が Interprofessional という専門職間の相互作用を重視し，地域の保健・医療・福祉の専門職といっしょに設立しました．いまでは，多職種連携（IPW）と専門職連携教育（IPE）の世界的な研究・普及拠点となっています．

2005 年に IPE と IPW が日本に紹介されたとき，IPW は「専門職連携実践」と訳されました．その後，日本の保健医療福祉分野では，「多職種連携」の用語が多用されています．そこで本書では WHO や CAIPE が提唱する「Interprofessional」の考え方を根底に据え，IPW は「多職種連携」として統一して使っています．

①ケアの質の向上に努めること
②利用者と家族のニーズに焦点をあてること
③利用者と家族とともに取り組むこと
④他の専門職から彼らのことについてもともに学ぶこと
⑤それぞれの専門職を尊重すること
⑥自分の専門的業務の質を高めること
⑦専門職としても満足度を上げること

第３図　専門職連携の７つの視点（CAIPE）

CAIPE では，IPW の７つの要素で説明しています．①ケアの質の向上に努めることは，IPW に携わる各職種の基本姿勢です．IPW の目的は，連携そのものではなく，連携という方法を用いて医療やケアの質の向上にあるということです．②利用者と家族のニーズの焦点をあてることと，③利用者と家族とともに取り組むことは，IPW は当事者中心に取り組むものであり，専門職は自分の専門的な興味関心で医療やケアを行ったり，利用者や家族を抜きに行ってはならないということです．④他の専門職から彼らのことについてもともに学ぶことと，⑤それぞれの専門職を尊重することは，まさに Interprofessional Work の特徴です．IPW に携わる専門職同士がパートナーシップを発揮し，互いに学び合い，尊重し合って活動することを求めています．⑥自分の専門的業務の質を高めることと，⑦専門職としても満足度を上げることは，IPW に携わる各職種が自己研鑽を積み自分の専門性を高め，自立（自律）した専門職であることを示しています．

４）IPW の用語の定義

Interprofessional の考え方と CIPE の７つの要素を基に，Interprofessional

Work（IPW）は，以下のように説明できます．

「IPW は，複数の領域の専門職が患者とその家族のために，それぞれの知識と技術を提供し合い，共に学び合いながら，共通の目標の達成を目指していっしょに行う支援活動」（埼玉県立大学編，2022）です．IPW では，患者・家族という支援対象者である，①当事者中心と，②各専門職の自立，互いに③尊重し合い，④専門職同士のパートナーシップによる連携協働が基本になります．

このように，保健・医療・福祉の支援活動は，地域住民や，患者，クライアント，利用者などとよばれる，自分とは異なる他者のために自分のもっている力を提供するものです．したがって，他者のためという利他性が求められます．自分が行いたい支援を提供するという自分中心の考え方ではなく，他者のためにという「当事者中心」という考え方が基本です．具体的には，利用者やその家族のニーズに焦点をあて，協働して，利用者やその家族への支援活動を行います．

第４図は，IPW のもっともシンプルな活動のイメージ図です．異なる専門職同士は，各自が専門的な情報を得て，専門的なアセスメントをしており，利用者（患者）への思いも異なります．関わる２職種は，共に学び合いながら利用者（患者）および家族の目標の実現に向かって活動します．

（1）当事者中心

ソーシャルワーカーの倫理綱領（2020 年）では，「クライエントに対する倫理責任」として，クライエントとの関係，クライエントの利益の最優先，受容，説明責任，クライエントの自己決定の尊重，参加の促進，クライエントの意思決定への対応などが謳われています（日本ソーシャルワーカー連盟（jfsw.org））．

日本看護協会の「看護職の倫理綱領（2021 年）でも，「4 看護職は，人々の権利を尊重し，人々が自らの意向や価値観にそった選択

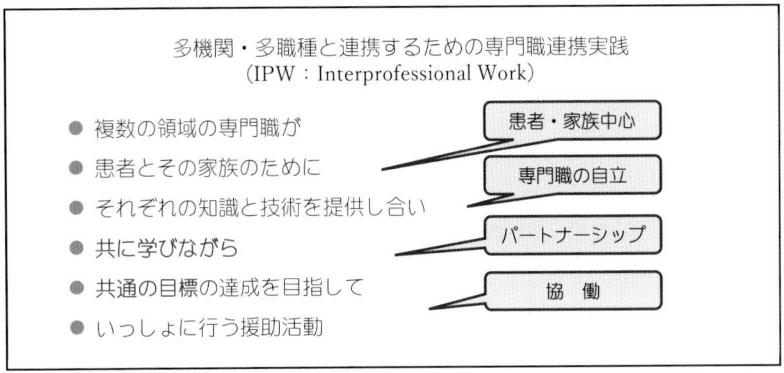

第4図　IPWの活動イメージ

ができるよう支援する」など当事者中心の姿勢が示されています（code_of_ethics.pdf nurse.or.jp）.

当事者中心という考え方は，福祉や介護分野では当たり前のこととして浸透しつつあります．認知症ケアでも「パーソン・センタード・ケア」が提唱されています．医療でも「患者中心」の考え方から，インフォームド・コンセントが徹底されるようになりました．しかし，具体的な場面に出会うと，私たち専門家は自分の専門的な立場からの主張がしたくなるものです．

たとえば，利用者は「自宅で暮らしたい，施設には入りたくない」といっています．しかし，ケアマネジャーは，「ご近所から苦情がきている」「認知症の人がひとり暮らしは困難」と判断して施設入所を勧めています．このように，周囲の圧力に負けて本人の意思を尊重できなかったり，自分の専門的な知識のみで判断する場合があります．当事者のために周囲とどのように折り合いをつけるかという発想をもつことや，ひとりで判断するのではなく，他の専門職と話し合ってIPWで検討することが必要となります（第5図）.

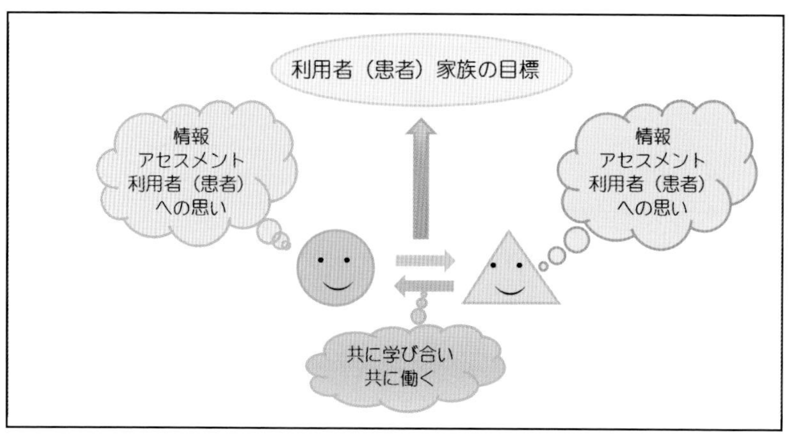

第５図　IPW の基本

（2）専門職の自立・自律

専門職については，第６図のような性格づけがされています．保健・医療・福祉の専門職は，体系的な教育を受けて，仕事を行ううえで必要な知識やスキルを専門的にもった人たちを指し，医師，看護師・保健師・助産師という看護職，薬剤師，理学療法士，作業療法士，言語聴覚士というリハビリテーション職，放射線技師や検査技師，管理栄養士，医療ソーシャルワーカーなどがあります．その成り立ちは，それぞれ異なり，法律で規定されています．

1948 年に医師は医師法（1948 年），看護師・保健師・助産師は保健師助産師看護師法（1948 年）が定められ，これが法的根拠になります．また，社会福祉士と介護福祉士は，社会福祉士および介護福祉士法（1987 年）が制定されて国家資格が伴う専門職になりました．このように，保健医療福祉の専門職は法律によって養成教育や役割が決められており，国家試験に合格すると資格が得られます．ほかにも「生活支援コーディネーター」など介護保険法などの制度によ

専門職（professional）

① 高度に体系化・理論化された知識・技術
② 国家または団体による資格認定
③ 職業集団の組織化，倫理規定
④ 利他的動機，公共の利益が目的
⑤ 高度の自立性，社会的権限付与

時井聰：専門職論再考；保健医療観の自律性の変容と保健医療専門職の自律性の変質．12，学文社，東京（2002）．

第 6 図　専門職の性格づけ

って位置づけられた職種や，「音楽療法士」など民間団体が養成している専門職もあります．いずれもある専門分野について特定の知識やスキルを有しており，そのための専門的な教育を受けています．それゆえ，各専門職は自己研鑽を積み，自分の知識やスキルを常に最新のものにしておかなければなりません．そして，他の職種に依存するのではなく，自立・自律した専門職として他の職種と連携協働することが求められます．

（3）専門職同士のパートナーシップ

パートナーシップは，協力関係を意味する言葉で，共同して事業を営むビジネス分野などで使われてきました．最近では自治体がカップルを承認するパートナーシップ制度にも使われています．

医療や福祉の分野では，患者と医療者間や利用者とサービス提供者間で，相互に尊重し合い，対等な関係性を築き，共通する目標に向かって協働して治療やケアに取り組むときに使います．異なる分野の専門職同士が目標を共有し連携協働する IPW では，携わる専門職同士が，互いに尊重し，対等な関係性で働くことを基本としています．

＊コラム 1)：SDGs に位置づけられたパートナーシップ

2015 年 9 月の国連サミットで加盟国の全会一致で採択された「持続可能な開発のための 2030 アジェンダ」には，持続可能な開発目標（SDGs：Sustainable Development Goals）は，2030 年までに持続可能でよりよい世界を目指す国際目標です．17 のゴールのうち，「3　すべての人に健康と福祉を：あらゆる年齢のすべての人の健康的な生活を確保し，福祉を推進する」があります．

そして，これらの目標に対し「17　パートナーシップで目標を達成しよう」と，パートナーシップの重要性が揚げられています．

5）保健医療福祉系大学への IPE の導入

21 世紀医学・医療懇談会第 2 次報告書（文部省，1997）では，保健，医療，福祉が連携した総合的なチームケアを推進するためにチームメンバーが共通する価値観をもち，相互理解することが重要であると謳われ，保健医療福祉の人材育成が大きな課題となっていました．さらに，介護関係人材のあり方として，専門教育の充実と連携の強化が強調され，保健医療福祉系大学の人材育成に連携教育が取り入れられるようになりました．

文部科学省は，保健医療福祉系大学の活性化のために競争的資金に連携力強化の取り組みを採用するようになりました．2005 年に，看護師・保健師助産師，理学療法士・作業療法士，社会福祉士の養成を行っている埼玉県立大学が「保健医療福祉の連携と統合教育」のテーマで採択し，また医師を養成している東京慈恵会医科大学が「多職種が参加する医療者教育　Interprofessional Education」のテーマで採択しました．

それ以降，医師養成の医学部や看護職養成の看護系大学，理学療法士・作業療法士などのリハビリテーション職種養成の大学などで，従来の専門職養成教育に加えて，連携力を高める教育を行うようになり，その理論化が進みました．

＊コラム 2)：WHO による Interprofessional の推奨

WHO（World Health Organization：世界保健機関）は，1988 年の報告書 1）で，保健・医療ケアには連携が必要であり，保健・医療ケアに従事する人々には連携が必要であり，共に学び，共に働くことを推奨しています．続く 2010 年の報告書 2）では，専門職間の連携は，保健医療人材育成の革新的な教育アプローチであると主張しています．すなわち，保健・医療ケアには，連携が必要ですが，単に多種類の専門職（multi-professional）が集まって働くのが連携ではなく，専門職同士が互いに尊重し合い，学び合いながら働く専門職連携（Inter-professional）の重要性を指摘しています．また，専門職を養成する段階で受けた連携教育は，資格を得た専門職として実践の場で実践することが重要で，それによって実践の質が変わり，当事者の皆さん，市民の方の健康増進に貢献できると主張しています．ちなみに Multi-professional も Inter-professional も，保健医療福祉の専門職が連携していっしょに支援活動を行うためにつくられた言葉で，2 つの単語をハイフンで結んだ造語です．英語圏では，相互の間にという Inter の意味の重要性が強調され，Interprofessional として使われています．

出典：

1）Learning together to work together for health：report of a WHO Study Group on Multiprofessional Education of Health Personnel; the Team Approach [meeting held in Geneva from 12 to 16 October 1987].

2）Framework for action on interprofessional education & collaborative practice (who.int).

＊コラム 3)：保健医療福祉系大学への IPE の浸透

文部科学省は，大学の教育研を促進するために，2003 年から「特色ある大学教育支援プログラム（特色 GP)」に財政支援を行いました．採択された大学のテーマをみますと IPE を取り入れたテーマが多くあり，特徴がありました．①医学部が中心となり附属病院でのチーム医療強化の IPE（東京慈恵会医科大学，昭和医学，千葉大学，神戸大学など），②医学部が中心となり地域医療を多職種連携で取り組む IPE（長崎大学，新潟大学，札幌医科大学など），③医学部がない保健医療福祉系大学での学部・学科横断の IPE でした．

2012 年の調査（小河ら）では，保健医療福祉系専門職の国家資格受験資格が取れる大学 431 大学への調査で，有効回答 183 大学の 27.9％で IPE に取り組んでいるという報告があります．また，IPE にまだ取り組んでいないが導入予定の大学は 19.7％でした．IPE が急速に広がっていることがわかります．

6）福祉・介護人材育成に IPE と IPW の導入

保健医療福祉系大学で取り組まれる連携教育は，大学間連携教育に発展しました．全国の福祉リーダーを養成している日本社会事業大学では，当時の大橋謙策学長が積極的に IPE と IPW の導入に取り組みました．高度福祉専門職を育成する専門職大学院に，連携力を育成する科目として「ソーシャルワーク方法５：IPW 論」が開設されました．この科目の新設はインタープロフェッショナル・ワーク（Interprofessional Work：IPW）という考え方が，初めて社会福祉の分野に導入されたことを意味します．

日本社会事業大学は，社会福祉の単科大学であることから，社会福祉学部で多職種がいっしょに学び合う IPE に取り組むためには他大学等との連携が必要となり，たやすいことではなかったのです．一方，専門職大学院は，現任者の教育の場であり，福祉の分野のなかでも，障害者支援，高齢者支援，子ども家庭福祉，地域福祉などの異なる分野で活動している現任者を対象とした教育の場です．すでに何らかの連携を体験している実践者に IPW の理論を学んでもらい，実践の質向上をねらって IPW 科目を設置することとなりました．また，すでに看護師や保健師，理学療法士など医療職の資格をもった社会人や，福祉分野で働いている人，社会福祉士の資格がほしい人，企業などでの社会経験を経て社会福祉を勉強したい人が入学してきました．つまり，多様性豊かな受講生を異なる多職種と見立てて IPE に取り組むことが可能な所という判断もありました．

何回かのカリキュラム改正で科目名などの変更がありましたが，科目運営は，本書の著者３名が科目担当者として 10 年以上継続して開講しています．その後，日本社会事業大学の学部教育でも，近隣の看護大学や薬学大学との IPE を模索して，学生同士の IPE にチャレンジしています．

７）日本における「多職種連携」の理論化と実践の発展

日本では，医療分野で発展したチーム医療の考え方と福祉分野の連携の考え方があり，そこに Interprofessional の考え方が導入されました．日本における保健医療福祉分野の実践は，チーム医療やチームアプローチという保健医療福祉の実践にチームメンバー同士の学び合う対等な関係性を示した Interprofessional が加わり，「保健医療福祉の多職種連携」の考え方とスキルとして理論化が進んでいます．さらに，医療機関内のチーム医療では，同じ施設内の専門職がチームメンバーとなります．しかし，介護保険制度におけるチームアプローチでは，異なる機関間の連携が必要となります．資格を持った専門性の高い専門職ばかりがメンバーではなく，地域の自治会役員や民生児童委員なども支援者となります．したがって，機関内連携と機関間連携の共通性と相違性の整理や，地域連携の考え方についても研究が進み，実践に活用されています．

4．地域包括ケアシステムに向けた動き

2000 年に施行された介護保険制度は，「措置から契約へ」と称されるように，福祉サービスのあり方を大きく変えました．利用者と各事業所が契約を交わすこととなり，措置時代とは異なり，事業所間に競争が生まれました．国は一事業所にサービスを独占させないよう誘導し，地域では多職種多機関連携の実践が始められました．2005 年の介護保険法改正では，中学校区に 1 つ，地域包括支援センターが設置されることとなりました．これは，地域の高齢者のためのよろず相談所で，2025 年以降の超高齢多死社会への対策として，国が掲げた地域包括ケアシステムの拠点として全国に設置されていきます．大事なことは，地域包括支援センターには，保健師もしくは看護師等，主任介護支援専門員（主任ケアマネジャー），社会福祉士の 3 職種を配置することが義務づけられたことです．すなわち，

平成 28 年 3 月 地域包括ケア研究会報告「地域包括ケアシステムと地域マネジメント」
(https://www.mhlw.go.jp/file/06-Seisakujouhou-12300000-Roukenkyoku/link1-5.pdf).

第 7 図　地域包括システムにおける「植木鉢モデル」

医療・介護・福祉の専門職が同じ場で協働しながら相談にあたる窓口が全国に中学校の数だけ設置されたのです．地域包括ケアシステムの具体像がみえてきたのは 2013 年で，住まい・医療・介護・予防・生活支援を一体化したシステムを地域で育むために，植木鉢モデルが提唱されました．

2013 年に始まった第 6 次介護保険事業では，各自治体が地域包括ケアシステムの構築を目指すことが明記され，行うべき事業として在宅医療介護連携の推進が示されました. 自治体が主導する形で，在宅医療介護連携推進協議会が日本各地に立ち上がっていきます. 地域包括ケアシステムの核でもある脱施設化と在宅で最期まで暮らせる体制を整えるため，専門職レベルでの IPW や住民啓発事業が全国的に行われるようになりました．こうして，地域包括ケアシステムを実現するためには，多職種多機関連携が必須であることが地域に浸透していきました．

【文　献】

・新井利民：英国における専門職連携教育の発展．社会福祉学，48(1)，142-152（2007）．
・平成 28 年 3 月 地域包括ケア研究会報告 「地域包括ケアシステムと地域マネジメント」(https://www.mhlw.go.jp/file/06-Seisakujouhou-12300000-Roukenkyoku/link1-5.pdf)．
・前田信雄：保健医療福祉の統合．勁草書房，東京（1990）．
・文部省：21 世紀医学・医療懇談会第２次報告書（1997）．
　注）本報告書では，介護サービスに携わる専門職のうち社会福祉士，介護福祉士，看護師，保健師，理学療法士，作業療法士，医師，歯科医師，薬剤師を総称して，「介護関係人材」の用語を用いている．
・埼玉県立大学編：新しい IPW を学ぶ；利用者と地域とともに展開する保健医療福祉連携．p.23，中央法規出版，東京，（2022）．
・田中千枝子：保健医療ソーシャルワーク論．p.15，勁草書房，東京（2008）．

第２章　保健医療福祉におけるパラダイムシフト

第２章では，社会の変化に伴う保健医療と福祉分野のパラダイム（ものの見方考え方）の変化について，その特徴を解説します．

1．医療分野のパラダイムシフト

1）チーム医療の誕生

日本の医療分野では，病院の近代化に伴い 1970 年代にチーム医療という考え方が生まれてきました．抗生物質をはじめ検査機器や術式などの急速な医学の進歩により，これまで治せなかった病気が治せるようになり，病院に多くの患者が集まるようになります．治癒をゴールとした病院での治療医学に期待が寄せられ，医師の社会的地位が向上していきます．日本人が亡くなる場所も病院志向となり，在宅死から病院死へ転換していきます．近代化した病院では，医師や看護師と，検査部，栄養部，薬局などがうまく連携して，効率よく動く必要がありました．

また 1966 年に理学療法士と作業療法士という新たな専門職が誕生したことで，整形外科・脳外科・精神科などの診療科においては，リハビリテーションの領域で，複数の専門職が協働するチーム医療が醸成されていきます．

その後も医療の高度化と細分化が加速し，「病院の世紀」という言葉が象徴するような，病院中心の考え方が一般社会にも浸透していきました．社会福祉士（1987 年），介護福祉士（1987 年），臨床工学技士（1987 年），義肢装具士（1987 年），救命救急士（1991 年），言語聴覚士（1997 年），精神保健福祉士（1997 年），介護支援専門員（1997 年）とさまざまな専門職が生まれ，診療においては各専門職で役割分担がなされるとともに，チーム医療の重要性がますます認識されていきました．

一方で，細分化によって同職種内の分断が課題となってきました．また，日本の医療法では医師に多大な権限が与えられており，他職種からの提案に医師が同意しないことや，他職種の領域に医師が介入することへの不満などが浮き彫りとなっていきます．患者側からも，医療過誤や薬害，患者の人権を無視するような医療行為などが追及されるようになりました．こうして，患者の人権尊重と患者中心の医療を期待する動きが高まります．このようなさまざまな課題を抱えながら，1990 年代で特筆すべきことは，医療事故防止の社会的要請が高まったことです．リスクマネジメントにチームワークは不可欠であり，さらには医療内容への外部評価が課せられたり，医療情報の ICT 化が始まるなど，チーム医療への動きが一気に加速していきました．

2）治癒から QOL へのシフト

医学の進歩とともに，疾病構造が変化したことにも言及しなければなりません．結核などの感染症で多くの人が亡くなった時代は終わり，1980 年代以降は，がん，心疾患，脳血管障害，肺炎などが死因の上位を占めることとなりました．日本は世界一の長寿国になったものの，生活習慣病を中心とした複数の慢性疾患や後遺症を抱える高齢者が増えていきました．１つの疾患の治癒を目指しても，別の疾患が悪化するなど，治癒をゴールとした治療医学の限界がみえはじめ，延命のために多くの管をつながれたスパゲティ症候群に疑問の目が向けられるようになりました．治療のために患者が苦痛を受けることも疑問視されるようになると同時に，リハビリテーション，ペインクリニック，緩和ケアなどが注目されるようになりました．

こうして 20 世紀，すなわち「病院の世紀」は終焉を迎え，治療のゴールは治癒から生活の質（Quality of life：QOL）へと変わっていきます．すなわち，キュア（治す）からケア（支える）へと，パラダイムシフトしていくこととなります．このパラダイムシフトは，医療の上位概念に生活支援が位置づけられたことを意味します．医師をリーダーとする暗黙のヒエラルキーが見直され，各専門職が場面に応じてリーダーシップを発揮できるコンピテンシーが求められることにつながっていきます．

２．介護福祉分野のパラダイムシフト

１）多職種連携による QOL の実現

2000 年に介護保険制度が導入されたことに伴い，家族任せだった介護を社会で支えることとなりました．社会的入院をしていた高齢者は介護保険施設に移されたり，在宅生活に戻るなど，介護をさまざまな専門職や事業所が支えることで可能となりました．ここで医療と介護の連携が重要であることが認識されるようになっていきます．患者中心で，ゴールは QOL で，チーム医療を超えた多様な専門職で当事者と家族を支えるとなると連携は必然でした．福祉の分野でも介護保険制度に伴い，チームアプローチが提唱されていました．2000 年代には，IPW（Interprofessional Work）及び IPE（Interprofessional Education）の考え方と手法が，埼玉県立大学を中心に，日本の保健医療福祉に導入され，連携協働という概念がチーム医療やチームアプローチに明確に反映されるようになりました．

2）ケアマネジャーの誕生

介護保険制度の創設により，介護支援専門員（ケアマネジャー）という職種が誕生しました．介護支援専門員は介護施設や居宅介護支援事業所等に配置され，要介護者や家族からの相談に応じて，要介護者がその心身の状況等に応じ適切なサービスを利用できるよう，自治体やサービス事業等との連絡調整を行う役割があります．介護支援専門員の資格は，保健医療福祉等の基礎資格の上に，高齢者支援の実務を 5 年以上経験し，試験，研修を経た後に取得することになります．

介護支援専門員が担う業務であるケアマネジメントは，利用者の状況を把握しニーズを分析するアセスメント，支援方針・目標を設定し必要なサービス利用の計画を立てるケアプラン，ケアプランについて各サービス提供事業者からの意見調整を図るサービス担当者会議，そのうえでサービス提供，実施後のモニタリング，再アセスメントという，一連の過程があります．

このなかでサービス担当者会議は，介護支援専門員が各サービス提供事業者に呼びかけ，介護保険サービス利用者の生活支援のために，各サービス提供事業者が所属機関を超えた支援チームとなって連携協働する機会です．介護支援専門員には，サービス利用者の希望やニーズを中心に各サービス提供事業者の意見をまとめる，ファシリテーションのスキルが求められます．

またモニタリングや再アセスメントにも，さらには病院への入院や退院，介護施設への入所など，サービス利用者の生活場所を移動するような機会には，それまでのサービスやケアが継続できるよう，介護支援専門員による関係機関，関係者との連絡調整が必要となります．すなわち介護支援専門員は，利用者主体の生活を実現するために，介護保険サービスに関わる関係機関，関係者の連携協働の推進にとって，欠かせない存在といえます．

3）地域包括支援センターで実践される多職種連携

2005 年の介護保険法の改正により，高齢者の相談窓口となる地域包括支援センターが各地に設置されるようになりました．地域包括支援センターは，高齢者の多様なニーズや相談を総合的に受け止め，尊厳ある生活の継続のために必要な支援につなぐことを目的としています．また介護保険サービスのみならず，地域の保健医療福祉サービスやボランティア，社会資源などを結び付け，適切なサービスを継続的に提供することとなっています．これにより地域包括支援ネットワークの構築を目指します．

このような目的を果たすために，地域包括支援センターには，社会福祉士，主任介護支援専門員，保健師等が配置されています．地域包括支援センターの業務は，職種ごとの縦割りではなく，包括的に高齢者を支えるチームアプローチを基本にします．ここから地域の高齢者支援は，多職種のチームアプローチで進めることが，制度的にも明確に位置づけられることになりました．社会福祉士にはソーシャルワークの，主任介護支援専門員にはケアマネジメントの，保健師等には保健医療の専門性があるのはもちろんですが，その専門的視点を活用しながら，３職種が協議し，連携協働して，高齢者の地域生活上のニーズや課題に包括的に対応することになったのです．

地域包括支援センターは，担当圏域において，支援を必要とする高齢者に関する情報交換や支援方法の検討，また行った支援の報告や検討等を行ったりする場として，地域ケア会議を開催することができます．地域包括支援センターの各専門職に加えて，地域の保健医療福祉の関係者等の参加を得て協議，検討します．地域における連携協働体制は，このような機会から広がっていくと考えられます．

地域包括支援センターが構築を目指す地域包括支援ネットワークとは，地域の保健医療福祉サービスやボランティアなど，さまざまな社会資源が有機的に連携し合う体制です．それには，保健・福祉だけではなく警察や消防なども含めた行政機関，医療機関，介護保険サービス事業者といったフォーマルサービスの関係者，さらには自治会などの地域住民による活動組織，民生委員や社会福祉協議会など，インフォーマル，民間の関係者との連携体制も必要とされています．

また地域包括支援センターの運営を，地域の関係者全体で協議，評価する場として，市町村に地域包括支援センター運営協議会が設置されました．地域包括支援センターの運営にあたっては，この運営協議会の議を経て，公正・中立を確保し，円滑かつ適正な運営を図らなければなりません．センターの設置に関すること，センターの公正・中立性の確保に関すること，センターの職員の確保に関することなどが協議されます．

このように高齢者支援においては，地域包括支援センターを中心として，チームまた機関間，協議会などによる地域連携体制づくりが促進されるようになりました．

3．保健医療福祉分野の連携による地域包括支援システムの展開

少子高齢化が進むなかで，認知症の人が急増していることは，大きな課題でした．地域全体で認知症高齢者を見守る必要がでてきました．2025 年問題と称される課題もみえてきました．団塊の世代が 75 歳となる 2025 年から日本では要介護者が急増し，超高齢多死社会が始まるというものでした．老々介護や独居が増えるばかりか，現存の病院数や施設数では受け皿となり切れないと判断されました．病院死が 8 割という当時の状況を何とかしなければならず，在宅で看取れる体制を整備することに国は大きく舵を切っていきます．こうして 2005 年に自助・互助・共助・公助を基盤とし，住まい・生

活・医療・介護・予防を一体化して提供する地域包括ケアシステムが提唱され，自治体単位で実践していくこととなります．まさに医療モデルから，生活・社会モデルへの転換期であり，保健医療福祉専門職が行う実践活動の理念と方法を示したIPWは，地域包括ケアシステムの推進に大きな貢献をもたらしたといえます．

1）プライマリ・ケアと地域包括ケアシステム

地域における連携については，地域医療やプライマリ・ケアの文脈でも1970年代から語られてきました．プライマリ・ケアとは「日常の健康問題の大半を責任もって取り扱うことができるような幅広い臨床能力を有する医師によって提供される，包括的な，地域の第一線で提供されるヘルスケア・サービスである．そのヘルス・ケアは，継続的で地域や家族を視野に入れたものでなければならない」と定義され，その担い手は，プライマリ・ケア医，かかりつけ医，家庭医，総合医，総合診療医，GPなどとよばれる医師たちです（第1表）．

第1表　プライマリ・ケアの同義語

<医療を示す用語>
- プライマリ・ケア（primary care）
- 家庭医療（family medicine, family practice）
- 総合医療／総合診療（general medicine, general practice）
- 総合内科（general internal medicine）
- 地域医療（community medicine）

<医師を示す用語>
- プライマリ・ケア医（primary care physician）
- 家庭医（family physician; family doctor）
- 総合医，総合診療医（general practitioner: GP）
- かかりつけ医／ホーム・ドクター（home doctor）
- 開業医，町医者，山医者

（primary care physicianは世界共通，family physicianは北米，GPはヨーロッパ）

第２表　プライマリ・ケアの基本理念（ACCCA）

Ⅰ.	Accessibility（近接性）	①地理的　②経済的　③時間的　④精神的
Ⅱ.	Comprehensiveness（包括性）	①予防 - 治療 - リハビリ　②全人的　③common disease　④小児 - 老人
Ⅲ.	Coordination（協調性）	①専門医と連携　②チームでの協調　③住民との協調　④社会資源の活用
Ⅳ.	Continuity（継続性）	①ゆりかごから墓場まで②病気の時も健康な時も　③外来 - 病棟 - 外来
Ⅴ.	Accountability（責任性）	①監査システム　②生涯教育　③患者への充分な説明

日本プライマリ・ケア連合学会 HP（https://www.primary-care.or.jp/paramedic/index.html）.

プライマリ・ケアという言葉は 1978 年にアメリカで生まれ，その 4 か月後に WHO がアルマ・アタ宣言でプライマリ・ヘルス・ケアという言葉を発しました．両者は同一のものとして語られることが多いですが，プライマリ・ケアは臨床医の行動を示したもので，プライマリ・ヘルス・ケアは公衆衛生的な視点から語られています．視点の違いはあるものの，両者の概念は重なる部分が多く，この時点で既に社会資源の活用や連携が謳われています．

プライマリ・ケアの概念を簡潔に示したものとしては，ACCCA が知られています．ACCCA とは，近接性（Accessibility），包括性（Comprehensiveness），協調性（Coordination），継続性（Continuity），責任性（Accountability）の５項目の頭文字を並べたものです（第２表）．協調性で説明されている「専門医との連携」「チームでの協調」「住民との協調」「社会資源の活用」は，現代でいう IPW を示しており，地域包括ケアシステムを動かすスキルといえます．包括性に示された予防・治療・リハビリテーションのすべてのステージに関わること，継続性の意味する地域生活と入院治療をつなげることなども地域包括ケアシステムと重なる部分が多くあります．日本発のプライ

第３表　五十嵐の 10 の軸

◆総合医療の最も重要な基盤は，

1 近接性

無差別性：患者を選ばない問題を選ばない
精神的：良好な医師患者関係
時間的：時間外の初期救急を含め
経済的：費用効果思考に基づく行動

2 日常性

日常問題，日常病
単純な頻度でなく，頻度×重要度（重症度，影響度）の大きい順に

◆この基盤のもと以下の場で，そのニーズを反映して仕事をする．

3 全人

生物医学的：視点と並行して
心理的
社会的
倫理的：視点からも思考と行動ができる

4 家庭

家庭を一診療単位とした思考と行動ができる

5 地域

地域を一診療単位とした思考と行動ができる
保健，医療，福祉を統合した地域医療を実践する

◆この基盤と場を背景にして，総合医療は次のことを実現する．

6 質の保証

quality of life（いきがい，自己実現）の維持向上を尺度とした医療，保健，福祉の質を保証する思考と行動ができる

7 個別性

個別の事情に応じた思考と行動ができる
多くの選択肢を示しつつ，患者の自己決定の支援ができる

8 生態学的接近

多面的，学際的，有機的，総合的な思考と行動ができる

◆これらを実現するために，以下の役割と責任が必要である．

9 役割

患者の道案内役，弁護士役
患者や医療関係者の調整役，聴き役，説明役，連絡役を担う思考と行動ができる

10 責任

継続性（当面の問題の継続性，生涯にわたる継続性）
責任性（主治医としての）
民主性（患者との対等な関係）
を実現する思考と行動ができる

マリ・ケアの概念は，後にも先にも 1980 年代に論じられた『五十嵐の 10 の軸』だけです（第 3 表）．

WHO がいうプライマリ・ヘルス・ケアの骨子を第 4 表に示しました．「2000 年までにすべての人に健康を」という文脈で発信されたものです．「住民参加」「チームで保健ニーズに対応」「自己決定を推進」「資源の有効活用」などは IPW につながる考え方です．経済分野との協力，政府の責任にまで言及しており，より広い視野で地域包括ケアシステムを論じています．

地域包括ケアシステムという言葉は，超高齢社会を迎えるべく，2005 年の介護保険法改正のなかで地域包括支援センターの設置に伴い語られるようになり，2015 年ごろから各自治体が試行錯誤しながら実践がはじめられました．その核はいうまでもなく IPW ですが，振り返れば，1978 年に謳われたプライマリ・ケアやプライマリ・ヘルス・ケアで既に語られており，地域医療や地域保健活動のなかで育まれたノウハウの延長線上にあるといえそうです．さらにいえば，第 2～4 表に並べられたキーワードは，基本的人権をはじめ，地域

第 4 表　プライマリ・ヘルス・ケア（1978 年　WHO アルマ・アタ宣言）

アルマ・アタ宣言：**2000 年までにすべての人に健康を！と打ち出した概念．**
保健専門職がヘルス・ケアに関与するのではなく，経済分野の協力，政府の責任を強調．また住民参加，住民の自己決定を重視．従来の医療になかった視点．

1. 健康は基本的人権
2. 健康格差の是正
3. 社会経済分野の協力
4. 社会正義に対する政府の責任
5. 住民参加
6. 自己信頼・自己決定を推進
7. チームで保健ニーズに対応
8. 資源の有効活用

福祉と重なるところも多いと感じます．したがって，地域保健と地域福祉の担い手が手をつなぎ，積み重ねてきたノウハウを共有することで，地域包括ケアシステムだけでなく地域共生社会の実現にもよい影響を及ぼすことになるでしょう．

２）病院からの退院支援

病院に入院した患者の治療が進んでいくと，退院後の療養場所や療養のしかたを患者や家族と探っていく必要があります．病院ではソーシャルワーカーが中心となって，日ごろから地域ケア機関や，転院先となる施設や病院とのネットワークを構築しています．患者や家族の療養体制をつくり，しっかりつないで継続できるようにするためです．

継続的な療養を担う地域ケア機関や施設や職員からみても，病院との連携は欠かせません．患者や家族，そして療養のサービス提供にあたる支援者が不安なく取り組めるよう，入院中に十分な準備をしてから退院してきてほしいと思うのは当然のことです．特に病院と在宅では治療や処置としてできることもその体制も異なります．患者や家族が在宅療養に向かう気持ちのないままでは支援体制に影響します．

患者が退院する前に，地域ケア機関とのカンファレンスが行われる場合もあります．患者や家族にとって，退院前に出会う地域ケア機関の職員は，自分たちの退院に向けて，いちばんの不安を最初に受け止めてくれる存在になります．患者や家族は，在宅療養や介護ができるかどうかの自信もないところで，いくら病院の職員から，大丈夫ですよ，やれますよ，退院できますよといわれても不安は拭えません．そこに，実際に在宅療養の支援にあたっているケアマネジャーや訪問看護，在宅療養支援診療所などの地域ケア機関の専門職が,「私たちが訪問やサービスを提供していきますよ」という姿勢を示し，どのような状態，状況で在宅療養していこうかという青写真をいっしょに描いていきます．そうして患者や家族の心配が軽減されていくと同時に，機関間の連携，協力体制も強化されていきます．顔がみえる関係です．病院は退院させる，地域ケア機関は受け入れる，という関係だけではなく，退院という患者や家族にとって生活環境の大きな時期を，共に取り組む体制が取れるようになります．病院のなかで患者や家族とよばれていた人々も，退院すれば，わが家の生活の主体に戻っていきます．在宅療養が始まっても，実際的な介護の問題もありますし，家族内で取り組んでいかなくてはならないさまざまな課題もあります．必要なときには地域ケアや生活支援の専門家と相談をしながら，療養生活を続けていくことになります．医療も介護も福祉も多側面から，継続的に地域生活，療養生活を支援することが必要です．在宅療養には，問題解決と生活支援，人々がもつ強みを活かすエンパワメントの視点をもって関わっていくことが求められています．

3）認知症初期集中支援チーム

わが国の認知症ケアでは，2012 年のオレンジプランで認知症初期集中支援チームの施策が位置づけられました．この施策は，医師，医師以外の医療職と介護職でチームをつくり，早期診断・早期対応に向けて自宅訪問をして当事者や家族に介入する支援です．まさに認知症初期集中支援チームの活動は，IPW で行われる支援活動といえます．

認知症が疑われる当事者の医療受診には，本人が望まない医療受診や，受診により認知症と診断されても，必要な支援が行われないまま悪化を待つような事態が生じています．だからこそ自宅に直接専門職が訪問し，早期診断・早期対応をするチーム活動への期待は大きいといえます．また，自治体の総合相談支援業務で対応したものの対応困難と判断され，地域包括支援センター経由で認知症初期集中支援チームに依頼がくる実態もあり，このチームの存在が重要になっています．

このチームメンバーは，通常は別々の機関で働いている専門職が，地域包括支援センター等からの依頼でチームをつくり活動します．チームメンバーには，認知症の診断ができる医師が指定されており，診断という役割が明確です．しかし，医療職と介護職は職種の限定はありません．医療職としては，看護師や保健師が多く，認知症看護認定看護師がその地域にいれば担当することもありますし，作業療法士が担当するチームもあります．介護職としては，社会福祉士か介護福祉士が担当しています．医療職には早期診断と診断後の医療関係機関との調整が期待されており，福祉職には診断後の生活支援のための調整機能が期待されています．今後，実践事例の蓄積や研究が進めば，担当する職種による活動内容の違いや支援の効果が明確になることと思われます．そのようになれば当事者に必要とされる早期診断・早期対応のために支援方法が共有され，医療職として，介護職としての役割が明確になり，IPW の質が向上すると期待されます．

4）ソーシャルワーク領域における連携協働

地域包括ケアから地域共生社会へと，実践のあり方・考え方が展開するなかで，ソーシャルワーク領域において専門職連携とはどのように捉えられてきたのかを見てみましょう．

1990 年代の社会福祉基礎構造改革にみられるように，社会福祉における生活支援のあり方は，施設ケアから地域生活支援へと転換してきました．日本の高齢社会に対応すべく地域包括ケアを推進していくために，ソーシャルワークの領域では，住民とともにさまざまな専門職による連携体制がつくられてきました．地域で生活する住民・福祉サービス利用者のニーズを充足するためには，福祉，保健医療，教育，警察，消防，司法など幅広い関係者・機関との連携協働体制が必要とされてきました．

入所型福祉施設ケアにおいては，利用者の特性ごとに施設の種別が分類されており，主に施設内でサービスが完結していました．しかし地域生活支援においては，サービス利用者が住み慣れた家で主体的自律的な生活を送るためのさまざまな対応が必要となり，1 職種の活動や 1 機関のサービスでは完結せず，各サービスをコーディネイトする必要があります．地域生活に関わる多様なニーズに対応するには，専門職の協働，サービス提供機関間の連携協働体制が不可欠です．

施設ケアから地域生活支援への展開を追って，施設内の連携，多機関間の連携体制，住民・福祉サービス利用者と専門職関係者とのパートナーシップとして，取り上げてみましょう．

（1）施設内の連携

支援やサービスを円滑に提供するために，施設内には，多側面での連携協働があります．施設内には，組織体制，同一職種チーム，多職種チームをとらえることができます．

【組織体制】組織体制としては，業務の指示系統や職位体系，人事管理体制，施設運営体制などが基盤となります．またサービスの質とともにコンプライアンスやリスクマネジメントなども，施設全体で取り組むべき課題と認識されています．職員会議や研修，委員会，部門間の連絡会議などで，職員間の連携協働が推進されます．

【同一職種チーム】同じ職種の職員が複数配置されていれば，協働するチームとしての活動が求められます．専門性や用語が共通していることから，職員同士が共通認識をもちやすくなります．たとえば介護職チームなどのように，役割や業務分担をしたり，サポートし合う協働体制です．

【多職種チーム】施設内では各職種や部門の専門性を発揮し，多側面からアセスメントや支援活動，運営活動が行われています．役割が重なり合って競合したり，専門的価値観がかみ合わないなどの課題がありますが，施設として利用者支援，サービス提供を行うという共通目標の下，専門性が連動していきます．

2005 年以降，高齢者の地域ケアを担う地域包括支援センターが設置され，社会福祉士，主任介護支援専門員，保健師等が配置されるようになると，支援活動を専門職協働で行うことが前提となりました（41 ページ参照）．

（2）地域包括ケアシステムにおける多機関間の連携体制

地域における保健福祉サービスを提供する各機関において，それぞれ独自の機能や方針に基づいて行われる活動も，地域包括ケアシステムを推進するうえでは，地域の支援体制やネットワークに参画し，連携協働につながっていくことが求められます．機関間の連携体制を強化するのに必要な，支援会議，支援ネットワーク，協議会について取り上げます．

【支援会議】福祉サービス利用者の生活支援を考えるために，関係機関の担当者が集まり，支援計画を検討する会議が設けられ，地域ケア会議などとよばれています．複合的かつ複雑なニーズに対応する必要に迫られたときには，会議の開催が重要となります．会議では，担当者としてのアセスメントや個別の支援計画などについての意見を述べるとともに，所属する機関としての立場や方針も担うことになります．各機関の方針を基に協議を進め，合意形成を図ることになります.

【支援ネットワーク】地域包括ケアにおいては，支援者による利用者への個別対応やチームアプローチを行うだけではなく，地域に点在するニーズを集約し，地域課題やニーズに対応するための支援ネットワークを構築する必要があります．必ずしも緊急性や困難性が高いわけではありませんが，サポートを必要とする人々や，周囲から見て気がかりな状況があるときなど，支援機関に連絡や相談ができるような関係づくりや，見守りネットワークやサポートネットワークなど，専門職のみならず，市民や住民とのパートナーシップの構築が求められます.

【協議会】地域には，地域課題やニーズの集約や対応のための体制づくり，また支援困難状況に対する具体的対応策の協議のための協議会が位置づけられています．自立支援協議会や要保護児童対策地域協議会など，福祉制度上にも位置づけられる，協議会体制があります．さまざまな立場の関係者が協議を進め，地域としての対応や計画づくりを進めていきます.

（3）連携協働体制の構築

地域における連携協働体制の構築には，支援者レベルからの視点と，制度および地域包括ケアシステムからの要請の２つの方向性があり，課題もあります.

【支援者レベルからの連携体制の構築】支援者としては，第１にニーズを抱えている目前の利用者への対応や利益を考えます．個別支援の積み重ね，ケアマネジメントを通して機関間での連絡や協働が増えていくと，顔の見える関係がつくられ，支援活動のスムース化につながり，連携体制が構築されていきます.

【制度および地域包括ケアシステムからの要請】地域包括支援センタ

ーのような，地域ケア・支援の機関となるセンター組織には，連携協働体制の実現に向けて，関係機関，専門職，住民や利用者の相互の意思を集約し，地域計画につなげていく役割が期待されています．

【連携協働体制構築の課題】連携協働体制の構築は，１人ひとりの保健福祉サービス利用者への対応や利益につながるものですが，地域としてみると，地域全体のニーズや課題に対応できるものになっているか，各機関やサービスが十分機能しているかなど，多側面からの総合的評価が必要です．連携や協働がかけ声にとどまらず，効果や成果についての評価が求められます．

また保健，医療，福祉のそれぞれの専門的価値からくる連携の難しさもあります．目前の問題解決を急ぐのか，人のもつストレングスの強化を優先するのかなど，支援目標や支援計画についての合意形成が難しくなることもあります．地域包括ケアの理念を再確認し，それぞれの専門的価値が異なるからこそ，多面的アプローチが可能になり，見落としを少なくすることができるという利点を共有しておく必要があります．

４．地域包括ケアシステムから地域共生社会への発展

地域包括ケアシステムにおいて，保健医療福祉の連携協働は進んできました．ヒューマンケアとして，人々の健康な生活に寄与するという共通の目標を掲げ，さまざまな機関や専門職がそれぞれの専門や特性を活かし，連携協働を図ってきました．特に地域で，自宅での生活を継続するよう利用者主体の視点で，治療や援助，支援，ニーズ対応の幅を広げてきました．

一方で，人々の生活様式は多様化，複雑化し，既存の保健医療福祉サービスを提供するだけでは対応不十分という現状もあります．

ケアニーズの複合化，潜在的ニーズ，新たな課題も明確になってきています．地域共生社会の実現に向けた取り組みにおける保健医療福祉の連携協働は，サービス利用者のみを対象に進められるのではなく，人々の日常の暮らしに目を向け，地域住民とともに進められるものです．具体的な課題解決を目指すアプローチと，つながり続けることを目指すアプローチ（伴走型支援）が両輪の輪として求められています．社会的孤立や家庭内での複合化・複雑化したニーズなどが徐々に顕在化してきている今日，地域におけるニーズキャッチやアウトリーチ，保健医療福祉の専門的なアセスメントにより，今後起こり得るニーズやその不安にも目を向けていく対応が求められています．

【文　献】

・伴信太郎：21 世紀プライマリ・ケア序説．プリメド社，大阪（2001）．
・原田正樹：包括的支援体制の構築に向けて；協議過程での留意点．月刊福祉，7：38-41（2022）．
・市川一宏，大橋謙策，牧里毎治　編著：地域福祉の理論と方法．ミネルヴァ書房，京都（2014）．
・五十嵐正紘，山田隆司：五十嵐の 10 の軸；その真骨頂を垣間見る．月刊地域医学，21（1）：4-12（2007）．
・Institute of Medicine：Primary Care- American's Health in a New Era. National Academy Press, Washington DC（1996）．
・葛西龍樹：プライマリ・ヘルス・ケアとプライマリ・ケア；家庭医・総合診療医の視点．医学教育，33（2）：79-92（2018）．
・厚生労働省老健局（2005）：「地域包括支援センター業務マニュアル」（https: // www.wam.go.jp/wamappl/bb05kaig.nsf/vAdmPBigcategory20/79EA61DDF2EF4633492570DC0029D9A8?OpenDocument）．
・日本プライマリ・ケア連合学会：「プライマリ・ケアとは？　日本プライマリ・ケア連合学会ホームページ」（https://www.primary-care.or.jp/paramedic/index.html, 2023.1.4）．
・鶴岡浩樹：統合医療を紐解く：プライマリ・ケアの見地からその理念を考察する．日本統合医療学会誌，5（1）：4-11（2012）．

第３章　多機関・多職種連携に必要な専門職の連携力と実践スキル

第３章では，IPW を実践する専門職の連携力と実践スキルについて解説します．

１．専門職に必要な連携力

１）IPW を推進する専門職のコンピテンシー

保健医療福祉の専門職には，「個々の専門の能力」「共通の能力」「協働的能力」という３つの能力が必要です（Barr，1998）．

「個々の専門の能力」は，それぞれの資格取得教育として専門教育として身につける能力です．たとえば，社会福祉士であればソーシャルワークの力であり，医師であれば診断・治療の能力です．「共通の能力」というのは，患者や利用者とのコミュニケーション能力などです．「協働的能力」は，他の職種と連携協働する，IP すなわち Interprofessional な能力です．

日本でも保健医療福祉系の専門職に必要な協働的能力としての多職種連携コンピテンシーモデル（三重大学，2016）があります．このモデルでは，患者・利用者・家族・コミュニティ中心ということと，職種間のコミュニケーションを重要視し，職種としての役割を全うする，関係性の働きかける，他職種を理解する，自職種を省みるという４つの能力を掲げています．

第８図は，IPW に必要な専門職のコンピテンシー（大塚，2012）を示しています．保健医療福祉の専門職は，人の支援をするという共

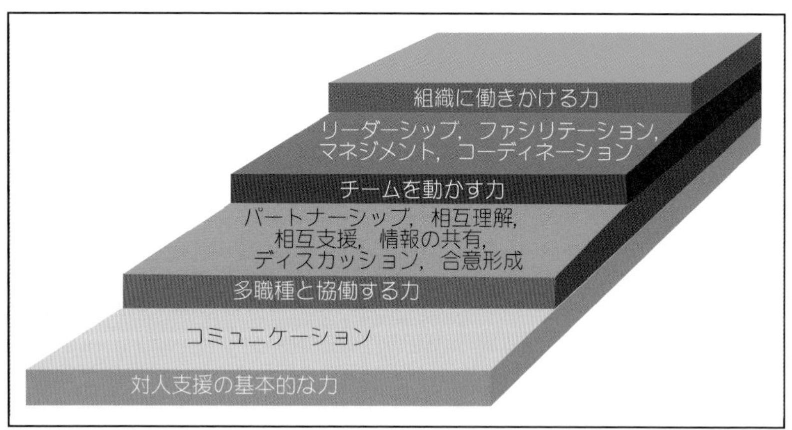

第８図　IPW に必要な専門職のコンピテンシー

通点がある「対人支援職」です．対人支援職の基本的な力は，患者・利用者と援助関係を築くためのコミュニケーションの力や患者・利用者のために力を尽くす倫理観などです．これらは対人支援として共通する基本的な力です．

IPW を行う専門職には，「対人支援の基本的な力」を基盤に，「多職種と協働する力」が必要であり，さらに高度な能力として，「チームを動かす力」「組織に働きかける力」があります．

「多職種と協働する力」は，異なる職種同士のコミュニケーションの力です．互いに尊重し合うパートナーシップを発揮する力，相互理解，相互支援の力です．さらに，情報の共有や合意形成をするための対話や議論をする力です．多職種がチームを作って IPW を展開するとき，「多職種と協働する力」は，すべてのチームメンバーに必要な IPW の基本的な能力といえます．

「チームを動かす力」は，利用者の支援を IPW で実践するときに多職種がチームをつくり，効果効率的にチーム活動をするためのものです．チームを動かすには，チームリーダーとなって発揮するリーダーシップ，チームメンバー間の関係性を働きかけ，チーム活動を促進するファシリテーション，チームメンバー間の役割などの調整を行うコーディネーション，チームメンバーの組織や配置及びチーム活動の計画と進行管理を行うマネジメントが必要になります．

チームにはリーダーが必要となりますので，リーダーがこれらすべての能力をもっている場合もあるでしょう．かつて，チーム医療のリーダーは医師と思い込んでいないでしょうか．IPW では，利用者の問題によってリーダーは多様です．たとえば，患者に嚥下障害があって食事がとれないという問題に対し，管理栄養士がリーダー，医師，看護師，言語聴覚士がメンバーとなって，食時内容や食事摂取方法を改善するということもあります．IPW を行う多職種チームメンバーのなかには，役職についておりマネジメントが仕事の人や，コーディネーションを得意とする看護職やソーシャルワーカーがいる場合があります．チーム力として，チームメンバーのだれかが，これらの能力を発揮するとチームを動かすことができます．

「組織に働きかける力」は，IPW の多重構造 (82 ページ参照) で示したように，利用者の支援のために「専門職が所属する組織」に働きかけて，組織間連携を実践する能力です．

第８図の項目を基に，國澤らは病院に勤務する中堅の専門職への調査を行い，IPW コンピテンシー自己評評価尺度（2016）を開発し，さらに病院の全職員を対象とした調査を基にした IPW コンピテンシー自己評評価尺度（2017）を開発しました．IPW は病院に所属する全職員が対象ですから，ソーシャルワーカーも事務職にも連携力は必要であるという考え方で項目設定がされています．

2）多職種理解の視点

IPW に携わる多職種はコミュニケーションによって，相互理解が促進され，信頼関係をつくることができます．加えて，互いの専門職にはそれぞれ特徴があります．お互いを理解するためには，異なる職種の特徴を客観的に知り，理解し合う努力が大切です．その視点に，法律で定められた特徴があります．保健医療福祉の専門職は，法律で資格取得要件や教育内容，役割機能などが定められています．法律がつくられた時期，従事者数，職能団体の有無，職能団体としての社会的な活動の特徴などを通して自分とは異なる他の職種の理解を深めましょう．併せて，自分の職種についても他者に説明できるよう理解を深めておきましょう．

互いの職種の特徴を客観的に理解することによって，相手の役割機能が明確になり，相手に依頼できることが明確になります．逆に自職種として果たさなければならない役割も明確になります．このような相互理解が IPW の助け合い，補い合う協働を促進します．

第 5 表　保健医療・福祉系の専門職と法的根拠

職　　種	法的根拠
医師	医師法（1948；昭和 23 年）
保健師・助産師・看護師	保健師助産師看護師法（1948；昭和 23 年）
薬剤師	薬剤師法（1960；昭和 35 年）
社会福祉士	社会福祉士及び介護福祉士法（1987；昭和 62 年）
介護福祉士	社会福祉士及び介護福祉士法（1987；昭和 62 年）
管理栄養士	栄養士法（1947；昭和 22 年）
理学療法士	理学療法士及び作業療法士法（1965；昭和 40 年）
作業療法士	理学療法士及び作業療法士法（1965；昭和 40 年）
言語聴覚士	言語聴覚士法（1997；平成 9 年）

IPW は，専門職同士の連携協働した支援活動ですので，コミュニケーションが重要です．

２．多職種との学び合うコミュニケーションスキル

コミュニケーションスキルには，①尊重し合うコミュニケーション，②相互支援のコミュニケーション，③協働のコミュニケーションがあります．

１）尊重し合うコミュニケーション

IPW では，相手をパートナーとして尊重し合うコミュニケーションを取ることが原則です．「挨拶をする」「相手に関心を示す」「話をよく聞く・聴く・訊く」「相手にわかるように伝える・話す」などです．人として当たり前のコミュニケーションですが，職場によっては，職種間の力関係が権威勾配をつくっていることがあります．昔の医療の場では，医師の力が強く，他の職種は自分の意見がいえずに従うのみであったという話も聞きます．しかし，どの職種であっても，患者や利用者のために働く人として，互いに誠実に相手と関わり，尊重し合うことが前提になります．地域の異なる機関に所属する他職種同士では，日常的に関わっていませんので，初対面のときにスムースに関係づくりをするためにも尊重し合うコミュニケーションは不可欠です．

２）相互支援のコミュニケーション

IPW に携わる多職種は，同じ利用者の支援をいっしょに行う仲間です．仲間同士の円滑なコミュニケーションスキルとして相互支援があります．【情緒的サポート】は相手を『ねぎらう』『感謝する』『率直に謝る』『称賛する』などです．

第 6 表　相互支援

情緒的サポート	肯定的フィードバック	士気の高揚
・ねぎらう ・感謝する ・率直に謝る ・称賛する	・メンバーが行ったケアを評価して誉める ・利用者の評価・感謝の言葉を伝える	・チームの援助による利用者の変化，反応の喜びを共有する

『ねぎらう』の例：利用者さんからの苦情対応，大変でしたね．本当にお疲れ様でした．
『感謝する』の例：○さんからいただいた助言どおりに対応したら，うまくいきました．ありがとうございました．ほんと助かりました．
『率直に謝る』の例：私がもっと早く情報を伝えていれば，○さんにご迷惑をかけずに済んだかもしれません．すいませんでした．
『称賛する』の例：○さんのきめ細やかな配慮は素晴らしいと皆さん褒めていますよ．

IPW では，自分が行った支援に対し，その評価を直接利用者から得にくい場合があります．たとえば，ヘルパーが入浴介助をして帰った後，ケアマネジャーが尋ねると，利用者は，「今日のヘルパーさん，身体の支え方が上手だったから，安心して湯船に入れたよ」などと話してくれました．ケアマネジャーは利用者からのケアの評価をヘルパーさんに伝えます．さらに，ケアマネジャーとしてヘルパーのケアを評価し褒めます．このようなコミュニケーションを【肯定的フィードバック】といいます．

いっしょに働く多職種の気持ちを盛り上げる【士気の高揚】というコミュニケーションがあります．IPW に携わる多職種同士が，互いに気持ちを共有しますと意欲が高まり，雰囲気がよくなる場合があります．利用者の変化や反応をいっしょに喜ぶことや，「皆さんでいっしょに頑張りましょう」と鼓舞する声がけも士気を高めます．

3）協働のコミュニケーション

IPW に携わる多職種は，それぞれ専門職としての教育を受けており，独自の支援方法があります．それが専門性ですから，利用者から得る情報や情報の解釈にも違いが生じます．たとえば，看護職であれば，「体調はどうかな」という視点から情報収集をします．福祉職は，「暮らしに困り事はないかな」などの視点から情報収集をするのではないでしょうか．IPW に携わる専門職同士は，１人の利用者を異なる専門職がいっしょに支援するわけですから，利用者の状況についてある程度の共通理解が必要です．つまり，協働のコミュニケーションで，まず「情報の共有」をしていきます．その際，自分の専門分野では当たり前に使う言葉でも，相手の専門分野ではあまり使われていない場合もあることから，注意が必要です．相手の反応を見ながら，わかりやすい言葉に言い換えたり，言葉の説明をします．相手側も，「それ，どういう意味ですか？」と問いかけて，用語の共通理解ができるようになることで協働が促進されます．また，「情報の共有」といっしょに，「アセスメントの共有」も大切です．

アセスメントは情報の解釈ですから，職種によって異なる場合が多いため，確認し合うことが大切です．たとえば，「朝食の摂取量は，主食 1／2，副食 2／3 でした」とヘルパーが情報提供しますと，看護師は「摂取量が少ない」とアセスメントしましたが，ヘルパーは「ここ数日，1／3 くらいしか食べていなかったので，少し食欲が出ています」とこの情報にアセスメントを加えました．このように得られた情報のみを共有するのではなく，アセスメントも共有することで利用者の状況を多職種で共有できます．

3．チームを動かす力

IPW を実践する際にはチームのなかにリーダーシップ，ファシリテーション，コーディネーション，マネジメントの力を発揮する人がいるとチームを動かすことができます．

1）リーダーシップとメンバーシップ

一般的にチーム活動では，チームリーダーとチームメンバーという役割があります．リーダーシップはリーダーとしての役割を果たす力をいいます．リーダーはメンバーの信頼にこたえ，チームのミッションとゴールが達成できるように働きます．そのうえでチームリーダーは，チームのゴールとミッションを常に念頭におき，それが達成できるようにメンバーの心を 1 つにまとめて，必要に応じてメンバーに変化を起こすように働きかけます．まず，メンバーを信頼することが大切で，そのような態度を示します．メンバーの能力を判断し，最大限発揮できるように働きかけます．

リーダーシップに対してチームメンバーもメンバーシップを発揮しなければなりません．メンバーシップとは，チームメンバーとしての役割を果たす力です．チームメンバーはリーダーおよび他のメンバーからの信頼にこたえるよう努力します．チームのゴールとミッションを達成できるように自分の役割を果たし，貢献します．

2）ファシリテーション

ファシリテーションは，集団による知的相互作用を促進する働きです（堀，2004)．中立的な立場で，チームのプロセスを管理し，チームワークを引き出し，そのチームの成果が最大限となるように支援します．集団の知的相互作用とは，すなわち学び合う関係促進することです．よって学び合う関係を重視しているIPWには不可欠な機能なのです．

IPWでは，利用者の問題を解決するという活動がありますが，ファシリテーションはその活動内容よりも，チームの動きを鳥瞰的にみて，チームメンバー同士の関係性に働きかけます．

たとえば，カンファレンスで発言しない（できない）メンバーに発言を促したり，複数の意見で混迷しているときに意見を整理して次の提案をするなどです．

IPW のような絶え間ない変化が必要なチーム活動では，「支援型（ファシリテーター型）リーダー」が求められます．支援型リーダーがリーダーシップを取ることで，新しい創造的な支援が生まれます．

支援型リーダーは，場づくりや関係づくりの役割をもち，メンバーは自律的に行動します．メンバー間のコミュニケーションは民主的です．支援活動のような変化が必要な活動に向いています．それに対し，ヒエラルキー型リーダーは，ビジョンや戦略をメンバーに示して方向づけをしてチームを動かします．権威的であるため，組織変革など大きな変化が必要な時には適したリーダーです．

3）コーディネーション

ソーシャルワーカーの役割には,「地域住民の活動支援と関係者との連絡調整」が位置づけられています．専門看護師という高度看護実践家の役割にも「調整」が位置づけられ，患者と家族，患者や家族と医師，異なる専門職同士の意見や考え方の調整をしています．IPW でも異なる職種間や関わる人々の役割調整をすることでチーム活動が円滑に進みます．

4．IPW といえるカンファレンスとはどのようなものか

IPW の考え方の実践例を紹介します．医師，看護師，薬剤師，作業療法士，管理栄養士，医療ソーシャルワーカーによる嚥下障害のある患者の退院カンファレンスです．A と B のカンファレンスの会話を通して，IPW といえるカンファレンスを考えてみましょう．

A：多職種で開催したカンファレンスの実践例

医師：嚥下障害にはこれ以上治療はしません，早く退院させてください．

看護師：食事中むせることが多く，途中で食べるのをやめてしまいます．介助すれば全量摂取します．

管理栄養士：ご家族への軟食の作り方指導は終わりました．

作業療法士：嚥下機能は○○と評価しました．

医療ソーシャルワーカー：家族は自宅退院を了解しています．

B：多職種による IPW の要素が観察できるカンファレンスの実践例

医師：この患者の嚥下障害について医師としてはこれ以上の治療は困難と思いますが，皆さんいかがですか？

看護師：食事中むせることが多く，途中で食べるのをやめてしまいますが，介助すれば全量摂取できます．ご家族に食事介助方法を指導したいと思います．

医療ソーシャルワーカー：ぜひお願いします．在宅ではヘルパーが食事介助になると思うので，ケアマネジャーにも食事介助について連絡しておきます．

管理栄養士：ご家族に軟食の作り方指導をしましたが，ご家族は大変協力的でした．食事介助にも関心をもっていました．

作業療法士：嚥下機能は○○の評価ですが，ご本人にも食べ方の指導をすれば，もう少し自分で食べられると思います．

看護師：作業療法士さんといっしょに，患者に食事のときに食べ方指導をしましょう．

医師：では，食事方法や介助方法を指導し退院準備を進めましょう．皆さんよろしくお願いします．

２つの実践例を比べると，A のカンファレンスは，各職種が，自分の専門的な見解を述べ，役割は遂行しています．しかし，相手の発言に応答していません．医師の方針に従っている関係性のようにみえます．それに比べて，B のカンファレンスでは，医師が治療方針を述べましたが，それに対する各職種の見解を聞いています．各職種は自分の専門的な見解を述べ，相手の発言に呼応して家族の情報を提供したり，自分の見解を述べています．さらに家族への食事介助指導や本人への食べ方指導など，複数の職種による協働したケアをすることが可能になっています．この実践例には，互いの専門性を尊重した対等な関係性がみえてきます．

保健医療福祉の専門職の間にあるこのような Interprofessional な関係が，医療・ケアの質向上に大きく影響します．

５．IPW の実践上の困難と解決策

IPW は異なる教育を受けた専門職同士がいっしょに支援活動をしますので，違いがあって当然ですし，意見の対立も生じやすいものです．チーム形成のプロセスには，混乱期があり，異なる職種による考え方や実践方法の違いが対立になったり，ジレンマになったりします．

「対立」とは，２つのものが反対の立場に立つこと，または互い

に譲らず張り合うことです．対立として表面化しなくても，自分の意見を主張することと，主張すると不利益になるかもしれないというジレンマを抱えている専門職がいるかもしれません．人と人との間に生じる対立，個人のなかに生じるジレンマという対立，チームや家族内の集団のなかで生じる対立，患者会と医療者集団のように集団間の対立もあります．

たとえば，IPW でよく出会う対立は，

例１：利用者は「自宅で暮らしたい，入院や入所はいやだ」といっていますが，家族は「家ではこれ以上介護できない」といっており，家族内で当事者と家族の間に対立が起こっています．

例２：医師は「この身体機能では自宅生活は無理」といいますが，ケアマネジャーは「ご本人の意向が強いので，自宅療養を検討したい」と主張しています．専門職間で対立が生じています．

例３：地域住民が役所に行ったときの体験です．「ごみ屋敷は高齢者福祉課では対応できません」と「障害福祉課の担当でもありません」といわれてしまいました．集団間の対立でもあり，制度上生じている対立で，担当者が所属機関の制度や役割を主張し合って，地域の課題解決に向かっていない出来事です．

このような対立は，悪いことではありませんし，避けるものでもありません．自分を知り相手を理解するよい機会になります．互いに問題に気づき対処することができます．新しい気づきを得たり，モラルの向上やエンパワメント，楽しさを刺激することにもつながります．上手に対処して解決することが重要です．

対立を解消するためには，表面化している対立の背景になにがあるのかを分析する必要があります．たとえば，単純なコミュニケーションのずれなのかもしれません．自分にとって重要なものは相手にも重要とか，自分は正しくて相手が間違っているなどと思い込みが原因かもしれません．専門職としての考え方や実践方法の違いが対立を引き起こしているのかもしれません．感情的なもつれや利害関係が背景にあるかもしれません．このような背景を分析し，率直に話し合い，相互理解を深めること解決の糸口になります．

６．リフレクションの必要性と方法

対人支援の実践家は，自分の実践を振り返って次の実践に活かしています．この振り返りをリフレクション（reflection）といいます．内省，反省，内的吟味などともいわれ，自分の行為の意味を自身で問い，明らかにすることで新たな実践知が生まれるといわれています．リフレクションは客観的な自己理解と他者理解の過程ともいわれています（能平，2021）．

IPW の実践知を生み出すために，リフレクションが活用できます．リフレクションは本来，個人が個人の実践を振り返るものですが，IPW は多職種でいっしょに実践しますので，多職種チームの活動を振り返ることになります．「個人で個人を振り返る」は「個人でチームに参加した自身自身を振り返る」ことです．次に「個人で多職種チームの活動を振り返る」「チームメンバーで個人の行為を振り返る」，さらに「チームメンバーで自分たちのチーム活動を振り返る」ことができます．IPW ではこの４つが多職種チームのリフレクションのパターンです．IPW の二重構造で利用者の問題解決の評価をするときに，チーム形成プロセスの評価をするときが，多職種チームリフレクションの実施機会です．多職種チームリフレクションを実施して，連携力を高めましょう．

7．施設内連携から機関間連携，地域連携へ

チーム医療は施設内連携で完結することが多いですが，地域包括ケアになると，機関間連携，地域連携が必要になります．IPW の基本は，1つの施設内連携，「機関内連携」です．それに対し，機関同士の連携，すなわち「機関間連携」があります．一施設内で行われる IPW は，連携の目的が，機関の設置目的と一致していることが多いのです．たとえば，病院は患者に医療を提供し健康を守ることを

第7表　機関内連携と機関間連携，地域連携

	IPW の基本 機関内連携	機関間連携	地域連携（市民との連携含む）
連携の目的	機関の設置目的と同じことが多い	患者や利用者の課題によって決まる	地域で取り組む課題に応じて決まる
連携の環境	閉ざされた環境内	距離，制度が壁になる	地域特性（文化・風土含む）による
連携するメンバー	限定されている	施設の代表となる	非専門職も
連携する期間	限定されている	利用者の状況によって異なる	継続的
連携のスキル	IPW 力	IPW 力，さらに異なる機関の理解と調整力が必要	地域づくり，非専門職との連携力も必要
連携の評価	患者や利用者の目標達成（質の高い医療・ケアの提供，QOL の向上） 専門職の満足度，機関の安定	患者や利用者の目標達成（質の高い医療・ケアの提供，QOL の向上），専門職の満足度，機関の安定，機関間の医療・ケアのシステム化	地域住民の豊かな生活

設置目的にしていますし，チーム医療の目的は患者の病気を治すこと，健康を取り戻すことが目的です．

機関間連携では，医療機関と介護保険事業所の連携のように，それぞれ設置目的は異なっても，患者（利用者）の自宅への退院という課題によって連携して取り組みます．さらに地域連携では，連携の目的は専門職や市民も含めて地域で取り組む課題の解決です．機関内連携と機関間連携，地域連携の違いを第７表に示しました．

8．専門職同士の連携から地域支援者，市民，当事者との連携へ

IPW は国家資格をもった専門職のみが取り組む実践ではありません．資格はなくともその分野に精通している行政職員や NPO 法人の職員などもいますし，民生児童委員や自治会役員のような地域支援者もいます．地域連携では一般市民の方々も大事な連携の相手です．また，IPW は利用者やその家族に焦点をあて，共に取り組むことから，当事者も連携の相手になります．地域連携では，地域の課題についてさまざまな人が参加して取り組みます．取り組みの目標は「認知症の人と家族が地域で最後まで豊かに暮らす地域づくり」です．地域には気候風土や歴史文化，習慣などの特徴があります．自然や交通網などの環境の影響が地域の弱み・強みを踏まえたその地域特性のもとに地域活動がなり立ちます．地域づくりの活動は，参加する人たちの連携協働によって成り立ちます．ここで確認しておかなければならないことは，地域住民の取り組みは，地域住民同士の信頼関係であり，支え合いの意識です．地域づくりに取り組もうとする自分自身の自己実現であり，日々の暮らしの一部としての活動です．それに対し，専門職による支援活動の背景は，法律や制度であり．プロとしての役割発揮です．しかし，専門職も地域住民

の１人ですから，地域住民としての支え合いのマインドをもって参加することや地域住民とのパートナーシップが生まれてきます．

【文　献】

- Barr,Hugh : Competent to colaborate ; towards a competency-basad model for interprofessional education.Journal of interprofessional Care,12(2);181-186（1998).
- 堀公俊：ファシリテーション入門．日経文庫，東京（2004).
- 國澤尚子，大塚眞理子，丸山優，畔上光代：IPW コンピテンシー自己評価尺度の開発（第１報）；病院に勤務する中堅の専門職種への調査から．保健医療福祉連携，9(2)：179-194（2016).
- 國澤尚子，大塚眞理子，丸山優，畔上光代：IPW コンピテンシー自己評価尺度の開発（第２報）；病院に勤務する保健医療福祉専門職等全職員の IPW コンピテンシー測定．保健医療福祉連携，10(1)：195-210（2017).
- 能平美香：リフレクション；自分とチームの成長を加速させる内省の技術．ディスカヴァー・トゥエンティワン，東京（2021).
- 大塚眞理子：第４章「食べる」ことを支える専門職連携実践．（諏訪さゆり，中村丁次編著）「食べる」ことを支えるケアと IPW，P.34，建帛社，東京（2012).
- 多職種連携コンピテンシー開発チーム（三重大学）（2016）：「医療保健福祉分野の多職種連携コンピテンシー．Interprofessional Competency in Japan」（https://www.hosp.tsukuba.ac.jp/mirai_iryo/pdf/Interprofessional_Competency_in_Japan_ver15.pdf, 2023.6.21).

第４章　IPW の構造的理解

第４章では，IPW を意図的に実践し，よりよい成果が得られるよう，多職種で取り組む実践方法を解説します．

1．チーム活動の保健医療福祉への応用

1）チームの要素とチーム形成プロセス

チーム活動はスポーツやビジネスなどの分野で研究が進んでいます．一般的にチームには，５つの要素があるといわれています．チームはある①目的をもってつくられ，２人以上の②メンバーで構成されます．メンバーは何らかの役割をもって参加しています．そして，チームには③ルール（規範，行動指針）があり，④目標（ゴール）を目指して，活動の⑤プロセス（段取り）を踏んで活動します．目的はチームがつくられるミッションです（山口，2012）．たとえば，認知症初期集中支援チームは，地域で認知症の早期診断・早期対応のためにつくられます．メンバーは認知症の専門医，看護職や作業療法士などの医療職，社会福祉士か介護福祉士などの介護職です．地域包括支援センターなどから依頼を受けると，その人の課題によって支援目標はチームの目標になります．ルールは，チーム活動を円滑に進めるためにあらかじめつくっておきますが，メンバーの相互作用によって自然に創られて定着していくルールもあります．プロセスは，目標に行きつくためにチームメンバー同士の相互作用のあり方です．チーム形成のプロセスとして，一定の法則があるとい

われています（山口，2008）.

タックマンによると，チーム形成のプロセスは，①形成期，②混乱期，③統一期，④機能期，⑤散会期があります（埼玉県立大学編，2022）．①形成期は，チームメンバーが決定し，チームの目標や課題を共有する時期で，まだ，お互いのことをよく知らない時期です．②混乱期は，チームの課題を解決するアプローチを模索する時期，メンバー間で考えや価値観がぶつかり合う時期です．それぞれの専門職の考え方や価値観は異なる可能性があることから，多少の混乱や，対立が起こるのは当たり前のことです．この時期を円滑に乗り切ることによって，次の③統一期に早く移行できます．統一期はチームとしての行動規範や役割分担が形成される時期であり，メンバーがお

第８表　問題解決プロセスとチーム形成プロセス

チームビルディングの５つのステップ	IPWを実践するチームの状態
形成期	「問題の発生」に伴いメンバーが招集され，「状況の把握」によって患者や利用者の問題を共有する時期，お互いのことをよく知らない時期
混乱期	情報やアセスメントの共有がうまくいかず，チーム形成の課題を解決する方法を模索する時期，メンバー間で考えや価値観がぶつかり合う嵐の状態
統一期	チームとしての行動規範や役割分担が形成される時期，メンバーがお互いの考えを受容し，合意形成によって「目標と計画」が共有でき，関係性が安定する状態
機能期	チームとして機能し，「実施」によって成果を創出する時期，チームに一体感が生まれ，チームの力が目標達成に向かう状態
散会期	患者や利用者の問題解決ができ目標の達成によって，チームの解散の時期，メンバーに別れと終焉への気持ちが生じる状態

対立

互いの考えを受容し，関係性が安定する状態となります．次は④機能期です．チームに一体感が生まれてチームの力が目標達成に向かって機能し，よい成果を生み出すことができるようになります．そして，チームは目標を達成すると解散することになります（山口，2008）．それが⑤散会期です．認知症初期集中支援チームでいえば，1 人の利用者の課題が解決すれば目標は達成しますから，この利用者の支援チームとしては解散となります．

このチーム形成プロセスを IPW に応用することで，IPW を円滑に展開することができます．次の「IPW の構造」（77 ページ参照）で詳しく述べます．

2）チーム医療と IPW

近代医療で発展したチーム医療について，病院の医療従事者のとらえ方が報告されています（細田，2002）．病院の医療従事者へのインタビューを整理すると，「チーム医療」に対する認識は 4 つに類型化されます．専門性を備えてそれを発揮するという『専門性志向』，患者の問題解決を最優先にしようという『患者志向』，複数の職種であ

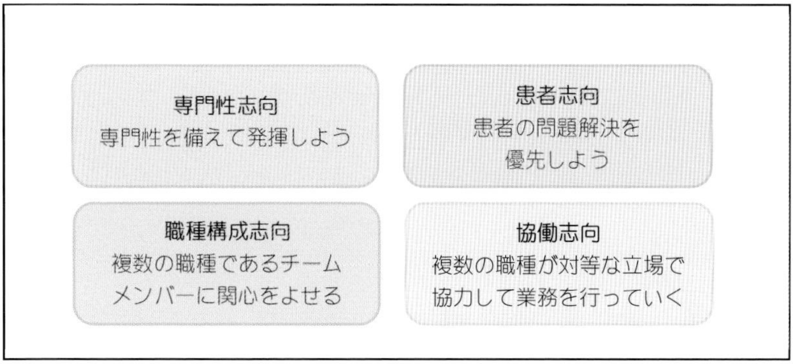

専門性志向
専門性を備えて発揮しよう

患者志向
患者の問題解決を
優先しよう

職種構成志向
複数の職種であるチーム
メンバーに関心をよせる

協働志向
複数の職種が対等な立場で
協力して業務を行っていく

第 9 図　医療従事者がとらえる「チーム医療」の類型化

るチームメンバーに関心を寄せていくという『職種構成志向』，複数の職種が対等な立場で協力して業務を行っていくという『協働志向』です．これらは，IPWの要素と共通性があります．『専門性志向』は「各専門職の自立」に対応し，『患者志向』は「当事者中心」と対応します．『職種構成志向』と『協働志向』は，尊重し合い学び合う「パートナーシップ」に対応します．

厚生労働省は，チーム医療とは，「医療に従事する多種多様な医療スタッフが，おのおのの高い専門性を前提に，目的と情報を共有し，業務を分担しつつも互いに連携・補完し合い，患者の状況に的確に対応した医療を提供する」と定義づけました（チーム医療の推進に関する検討会 報告書，2010）．ここでは，補い合うという意味の「補完し合う」が強調されています．

3）IPWからみたチーム医療のタイプ

病院で行われているチーム医療は，治療の場や状況に応じて特徴があります．IPWのあり方からチーム医療の特徴は3つのタイプに分類できます．1つ目はIPWが不十分でも機能するタイプです．たとえば，救急医療チームは，緊急性が高いので個々の医療従事者が個別に判断して治療に携わります．個々のメンバーの力量が高く，専門性重視のチーム医療となるため，連携協働は不十分になるといえます．しかし，チームとして活動するためのルールがしっかり決まっているチーム医療ともいえます．

2つ目は，IPWが十分機能しなければよい実践にならないチーム医療です．たとえば，緩和ケアチームや栄養管理チームは，患者に疼痛や栄養障害などの問題が生じたときに，これらのチームが機能します．メンバーである各専門職が，それぞれがもっている患者情報やアセスメントが異なるため，それを共有してケアプランを立てます．このタイプのチーム医療は，各メンバーが有する情報やアセスメントを共有しケアプランを立てることから，IPW が不可欠となります．チーム医療の類型化でいえば，メンバーが患者志向という価値観をもち，協働志向や専門性志向，職種構成志向のすべてが必要となる IPW といえます．このタイプは，院内のメンバーだけではなく，地域の多機関の専門職を加えたチームアプローチに発展しています．たとえば，退院支援チームでは，院内の医療ソーシャルワーカーに加え，地域で働いているケアマネジャーや訪問看護師などが加わることもあります．このようなチームアプローチは，機関間連携ともいいます．

3 つ目は，専門職の役割を専有化するのではなく，他の職種に役割を開放し，意図的・計画的に職種間の役割を共有するチーム医療です．たとえば，回復期リハビリテーション病棟でのリハビリテーションチームは, 理学療法士や作業療法士が病棟に配置されており, 病棟で機能訓練を行いつつ看護職や介護職とともに日常生活の支援を行います. 患者志向の共有を前提に協働志向がより強くなります. これは, 近年議論されているタスクシフトやタスクシェアの考え方も影響し，今後増えていくチーム医療のあり方ではないかと思います.

また，このタイプは地域の福祉活動ですでに行われています．たとえば，主任ケアマネジャー，社会福祉士，保健師または看護師の３職種が連携協働して活動している地域包括支援センターでは，3 職種の役割機能が重なり合っており，役割解放といえます.

4）地域で暮らしを支えるゆるやかなチーム活動

病院等で実践されるチーム医療は，患者の治療のための活動であり，目的が明確で，その目的を達成するために同じ施設内のメンバーが集まって活動します．そして目標が達成されるとチームは解散します．しかし，地域の支援活動では，医療ばかりでなく，保健・医療・福祉の多機関があり，そこには多職種が所属しています．時には専門職ではない地域の支援者がメンバーに加わることもあります．地域における多機関・多職種の支援活動は，チームケアとか，チームアプローチと表現されることもあり，チーム活動の方法を活用することができます．しかし，チーム医療と比較するとそのチーム活動は「ゆるやかなチームケア」といえます．地域の支援活動では，連携協働は不可欠という認識をもっていると思いますが，チーム活動という認識は低いのかもしれません．連携協働の方法に加えて，チーム活動の方法も活用すると，よりよいIPWにつながります．

つまり，施設内で行われるチーム医療であっても，地域で行われ

第9表　施設内のチーム医療と地域のチームアプローチ

	チーム医療（施設内連携のIPW）	地域でのゆるやかなチームアプローチ（機関間連携のIPW）
目的・目標	患者への医療の提供	利用者の課題解決による継続的な暮らしの支援
メンバー	患者に提供する医療の目標に応じてきまる，チームの境界線が明瞭	利用者の課題に応じてメンバーの入れ替えがあり，チームの境界線が不明瞭
チームのプロセス	目標が達成すればチームは解散	メンバーが入れ替わりながらチーム形成のプロセスを繰り返す
活動の期間	比較的短期間	利用者の暮らしに寄り添い長期間に及ぶ

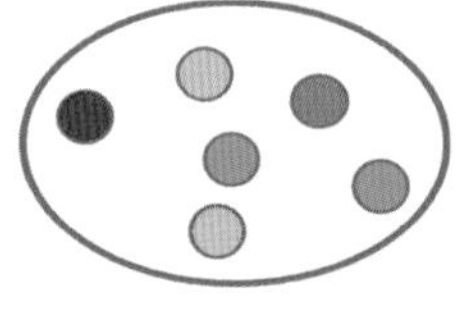

施設内のチーム医療

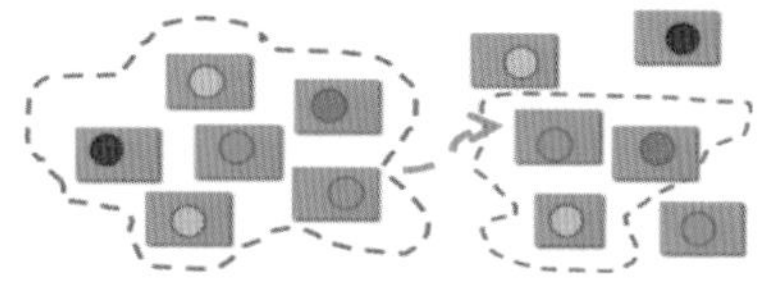

地域でのゆるやかなチームアプローチ

るゆるやかなチームケアであっても，一般的なチーム活動と共有するチーム理論を応用することができます．

２．IPW の構造

１）IPW の二重構造

私たち対人支援の専門職は，自分の実践を振り返り，次の支援につなげるために事例検討や事例報告をします．事例報告の書き方や記録用紙なども開発されています．よい実践であれば「どこがよかったのか」，うまくいかなかった実践であれば「なぜうまくいかなかったのか」を振り返り，次の実践に活かします．多職種といっしょに実践した IPW については，どのように振り返ればよいのでしょうか．

IPW は，多職種が連携協働してチームで活動する支援活動です．同時に IPW は利用者の問題解決をチームで連携協働して取り組みます．つまり，IPW には，「問題解決」と「チーム形成」が同時に，関連し合いながら支援のプロセスが展開されているのです．これを IPW の二重構造と命名します（埼玉県立大学編，2009）．

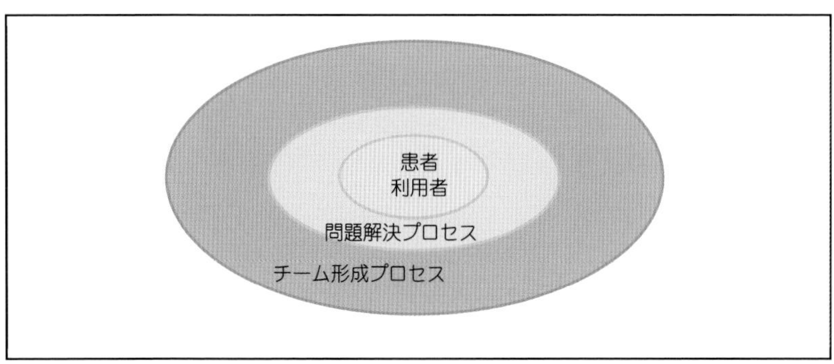

第 10 図　IPW の二重構造

この二重構造を意識して実践することで，IPW を円滑に推進することができます. また, IPW の実践事例を分析することができます.

2）問題解決のプロセス

保健医療福祉の専門職は，患者や利用者の問題や課題を発見し，その解決を図るための専門的な技術をもっています．各専門職は，問題や課題をとらえるための情報収集や観察方法に独自性，専門性があり，問題解決の手法にも専門的な技術をもっています．それが各職種の専門性といわれるものです．IPW では，複数の専門職がいっしょに課題解決に取り組むために, 共通する「問題解決プロセス」が必要となります．第 11 図は，患者や利用者に「問題の発生」があると，複数の専門職が情報を提供し合って「状況の把握」を共有します．そして患者の「目標と計画」を共通して，その目標と計画に基づき，各専門職が支援を「実施」し，実施後には「評価」を行います．問題が解決すれば支援は終了となります．しかし．問題が解決しない場

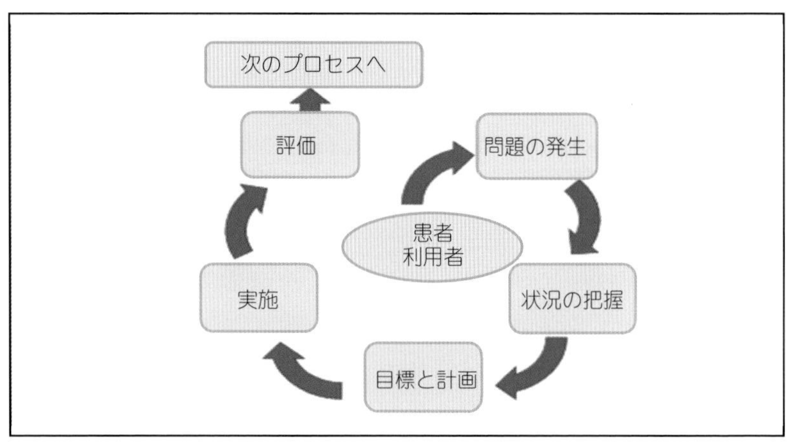

第 11 図　問題解決プロセス

合や問題が変更される場合もありますので，一連の実践を「評価」して次のプロセスに進みます．すなわち，課題を見直し，状況を把握して，目標と計画を立て，実践し，評価するということです．

3）問題解決志向と目標志向

けがや痛みなど，なにかしらの健康上の問題がある患者は，医療機関にかかることが一般的などです．つまり，医療では患者と関わ

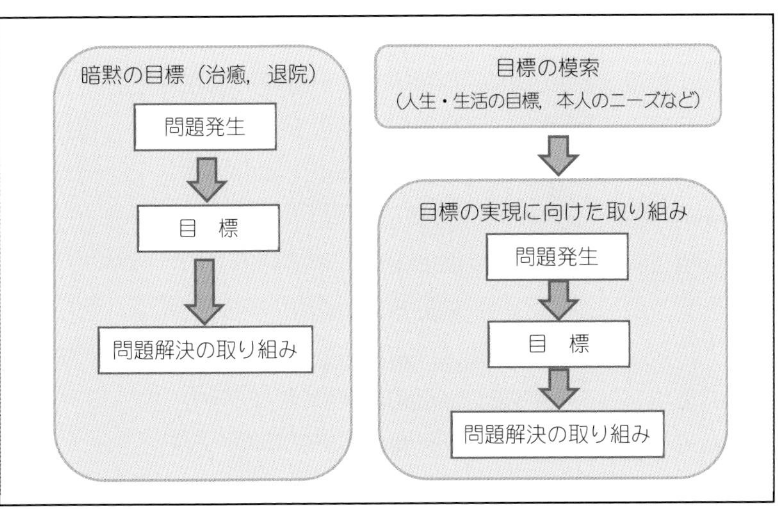

問題と課題
支援活動における「問題」とは，利用者の QOL（生命・生活・人生）の向上を目指し，望ましい姿やありたい姿とのずれとして生じている実際の事象のこと．たとえば「痛みがある」や「経済的に困窮している」など．それに対し，「課題」とは，問題を解決するために，本人・家族や支援する専門職，或いは組織として取り組むこと．たとえば「痛みの原因追及のための検査体制を整える」や「生活ができるよう諸制度を活用する」など．

第 12 図　問題解決志向と目標志向

る時点で問題が発生しているので，その目標は病気の治癒であり，入院していれば退院ということになります．医療職は，その目標達成のために「問題解決」に取り組み，医療を提供します．つまり，病院などの医療機関では，医療職間で「症状が軽減する」や「治療が終了して退院する」など医療上の目標は問題解決プロセスのなかで共有しやすくいようです．したがって，チーム医療では，患者の人生や暮らしの目標は明確でなくても医療における問題解決志向で展開されます．

一方，健康増進や介護予防などの保健活動は，その人の問題としてははっきりしていない場合もあり，健康障害や介護状態にならないよう，地域の暮らしのなかでよりよい健康状態を保ち，その人らしく暮らすことを目指す目標志向の支援を行っています．福祉活動でも，生活保護や児童福祉や高齢者福祉，障がい者などの分野がありますが，その人が望む人生，暮らし，生活のニーズを目標として，その目標を実現するためには，生じている利用者の問題解決，あるいは家族や取り巻く人的・物的環境の課題や経済的課題に取り組みます．保健活動や福祉活動は，目標志向の支援活動といえます．

保健医療福祉の専門職で取り組むIPWでは，その人その人の目標がなんであるかをみいだして共有し，その目標の実現に向けた問題解決，或いは課題解決に取り組みます．したがって，多職種は目標志向で利用者の目標を確認して共有しながら，問題解決志向で支援活動を行います．

4）問題解決プロセスとチーム形成プロセス

IPWの二重構造は，問題解決プロセスとチーム形成プロセスが連動して展開しているという構造です．問題解決プロセスとは，『問題の発生』『状況の把握』『目標と計画』『実施』『評価』のプロセスであり，チーム形成プロセスは「形成期」「混乱期」「統一期」「機能期」「散会期」というチームの状態のプロセスです（72 ページ参照）．IPW はこの二重構造が複雑に展開されますが，単純にこの 2 つのプロセスを連動させると図のように整理できます．第 12 図の内側（一重目）が問題解決プロセスであり，外側（二重目）がチーム形成プロセスです．

利用者に何らかの『問題が発生』すると，その解決に必要なメンバーが集められてチームが結成されます．この時期がチームの「形成期」です．多職種であるチームメンバーがカンファレンス等で集まり，それぞれが得ている情報を共有し，アセスメントを共通して，『状況の把握』をします．この時，各専門職のアセスメントの相違から意見の対立が生じ，『状況の把握』が共有できないことがあります．このようなチームの状況は「混乱期」となります．しかし，十分な対話や議論を行い，相互理解が進み，の対立が解消しますと，利用者の『目標と計画』を立案することができます．こうなります

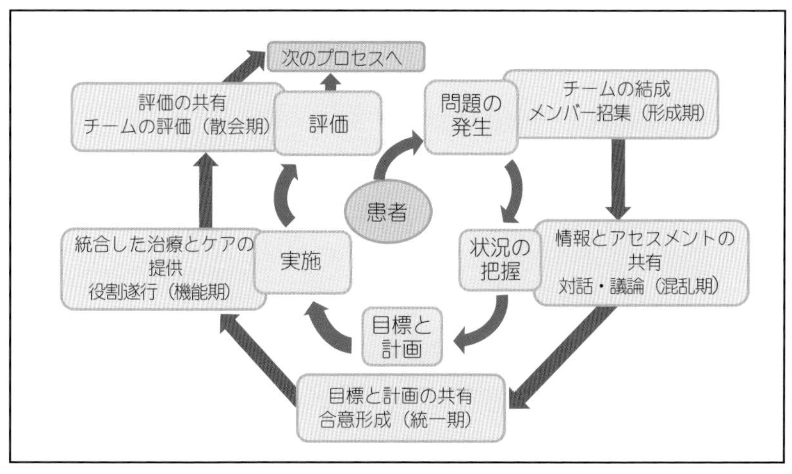

第 13 図　問題解決プロセスとチーム形成プロセス

とチームの状態は「目標と計画」について合意形成ができる「統一期」となります．

「機能期」では，チーム一丸となってそれぞれの職種が役割を遂行した『実施』となります．そして目標が達成されると問題解決プロセスを『評価』し，次のプロセスに移行します．チーム形成プロセスとしては，チームは「散会期」となりますが，チーム活動を振り返りチーム活動を評価することが重要になります．チーム活動の評価の共有については，67 ページで「チームリフレクション」として紹介します．

5）IPW の多重構造

IPW の二重構造は，利用者に生じている問題に対し，多職種チームで連携協働して支援活動を行う構造として説明できます．これは対人支援を多職種チームで実践するときの基本的なパターンです．

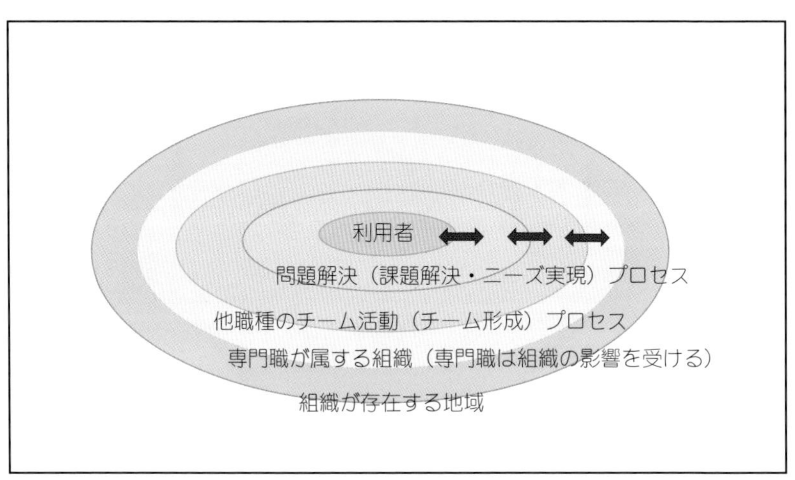

第 14 図　IPW の多重構造

これを基本にして，複雑な事例を分析するためには，さらに IPW の多重構造の理解が必要です．

IPW の多重構造は，二重構造の外側に,「専門職が所属する組織」と位置づけ，さらにその外側に「組織が存在する地域」を位置づけています.「専門職が所属する組織」とは，病院や施設，地域包括支援センターや市役所などの機関であり，機関内の看護部，診療部，福祉課，生保担当部署などの部門です．専門職が支援活動を行うときに，その所属機関の考え方や上司からの指示命令などの影響を受けます．組織がバックアップしてくれないとよりよい支援ができない場合もあります．したがって，IPW として組織にアプローチすることもあります. これは,「機関間連携」の実践になります. さらに，利用者も組織も，地域に存在しますので,「組織が存在する地域」を位置づけました．利用者の問題解決のためには，地域の環境を整えることも必要になります．たとえば，障がい者が施設から出て地域で暮らす時には，地域の人的環境や自宅の地理的環境などが重要になります．施設や自宅がある地域の状況を把握し，利用者の目標達成に課題があれば，地域住民や関係者と連携協働するアプローチが必要になります. その意味で利用者の支援に「組織が存在する地域」を位置づけています.

このように利用者への IPW を俯瞰的に，構造的にとらえることで，ミクロ・メゾ・マクロのアプローチが実践できますし，複雑な事象を分析することができます.

6）IPW の評価

IPW は，利用者の多職種による支援活動なので，その評価は，利用者の目標が達成されたかどうかです．そして，それは IPW の二重構造で示したように，問題解決プロセスの評価になります．同時にチーム形成のプロセスが影響しますので，チームの評価もIPWの評価となります．たとえば，「チーム力が高まった」「メンバー個々の連携力が高まった」などです．CAIPEによる専門職連携の7つの視点も評価指標になります．

①ケアの質の向上につながったか
②利用者と家族のニーズに焦点化されていたか
③利用者と家族とともに取り組んだか
④他の専門職と互いに学び合ったか
⑤互いに尊重しあっていたか
⑥自分の専門分野の質を高めることができたか
⑦専門職としての満足度を上げることができたか

IPWの多重構造のように，利用者の目標達成のための取り組みが組織にも及ぶ場合などでは，組織も評価の対象になります．たとえば，「組織間の風通しがよくなって，情報共有や協働した取り組みがしやすくなった」「よいケアをしてくれる病院と評判が高くなった」などの組織の人や地域住民からの評価は，IPWが充実して実践されている裏付けになります．

【文　献】

・細田満和子：「チーム医療」の理念と現実；看護に生かす医療社会学からのアプローチ．p.32－56，日本看護協会出版会（2003）．
・厚生労働省（2010）：「チーム医療の推進について（チーム医療の推進に関する検討会 報告書）」（https://www.mhlw.go.jp/shingi/2010/03/dl/s0319-9a.pdf）．
・埼玉県立大学編：新しいIPWを学ぶ；利用者と地域とともに展開する保健医療福祉連携．p.34，中央法規出版，東京（2022）．
・山口裕幸：チームワークの心理学；よりよい集団づくりをめざして．p.17－20，サイエンス社，東京（2012）．

第５章 IPW の構造的理解に基づく多職種連携協働の事例紹介

第５章では第４章で解説した IPW の構造を用いて，病院，施設，地域という IPW の実践の場ごとの事例を分析し紹介します（①２つの病棟と在宅の３つのチームによる退院支援；病院事例，②障がい者通所施設利用者に必要となった医療的ケア導入支援；福祉施設事例，③地域の多機関を巻き込んだ独居高齢者の生活継続支援；地域包括支援センター事例）．実際に多職種・多機関が関わった実践プロセスを振り返り，IPW の観点からの分析をしていることから，それぞれの立場や専門的意見の相違を知り，相互に理解することをねらいとしています．

１．２つの病棟と在宅支援の３つのチームによる退院支援（病院事例）

在宅療養をしているＡさんと介護者であるご主人のＢさん．普段は高齢者夫婦２人が自宅で暮らしています．いままでもＡさんが熱を出しては入院し，回復すると退院していました．

今回の入院中に問題が発生し，病院内の２つの病棟チームと在宅支援チームによる支援が IPW で実践されました．３つのチームが１つになって展開した IPW のチーム形成プロセスがポイントです．問題解決プロセスとチーム形成プロセスが連動して展開している IPW の構造（第 13 図）を紐解き解説します．

１）事例紹介

Ａさんは 70 代の女性です．脳梗塞の後遺症で上下肢の麻痺があります．意識ははっきりしていますが失語症があり思うように話ができません．嚥下障害があり誤嚥性肺炎を何度も起こしていますので，現在は胃ろうから栄養を補給し，楽しむ程度に経口摂取をしています．

排尿は膀胱留置カテーテルを使用しています．要介護５の認定を受けています．

家族は夫（Ｂさん，70 代）と２人暮らしで，夫が介護者です．Ａさんは発熱があり，尿路感染症の治療のために入院となりました．

２）問題発生とチームづくり（形成期）

Ａさんは，いままでも発熱して入院することが何度もありました誤嚥性肺炎や尿路感染症などが原因でした．今回も尿路感染症でしたので，１週間ほどの治療で症状は回復しました．しかし，Ａさんは「回復したのに退院できない」という問題が生じました．Ａさんの入院中に，介護者である夫のＢさんが肺気腫を起こし，緊急入院となったのです．ＡさんはＣ病棟に入院中で，ＢさんはＤ病棟に入院となりました．Ａさんの入院理由であった尿路感染は改善したのに，介護者である夫が入院してしまい，介護者不在の自宅に退院することができないという問題が発生しました．Ａさんの受け持ち看護師であったＥ看護師は，Ｃ病棟看護師長に相談しました．Ｃ病棟では関係職種が集まってＡチームを結成し，カンファレンスを開催しました．Ｃ病棟だけでは対応できないという結論になり，Ｃ病棟看護師長は，この事態に対応するためにＤ病棟の看護師長に合同チーム結成を相談しました．夫婦を取り巻く２つのチームが連携協働し IPW を開始するということです．２つのチームというのは，夫婦を取り巻く合同チームで，Ｃ病棟のＡチームとＤ病棟のＢチームです．

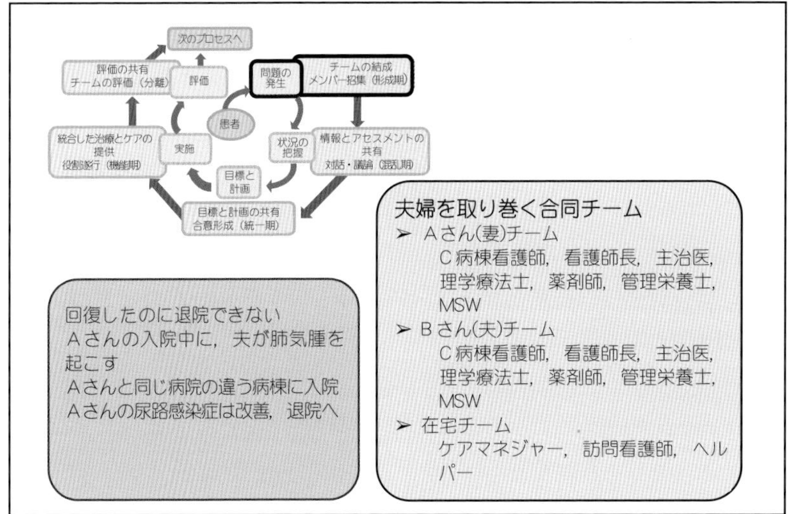

第 15 図　問題の発生・チームの結成

Aチームは，C病棟の受け持ち看護師，病棟看護師長，主治医，理学療法士，薬剤師，管理栄養士，医療ソーシャルワーカー（MSW）です．Bチームは D 病棟の受け持ち看護師，病棟看護師長，主治医，理学療法士，薬剤師，両者を担当している管理栄養士と MSW です．

3）状況の把握・情報とアセスメントの共有（混乱期）

まず，院内の２つのチームはそれぞれで患者の情報を整理しました．そして情報を共有してアセスメントするために２チーム合同のカンファレンスを開きました．

Aチームでは，Aさん本人の意向を確認しました．Aさんは「自宅で夫と暮らす」ことを強く希望していました．主治医は「感染症の治療は終了しているのですぐにでも退院は可能」という見解でした．

Ｂチームでも，Ｂさんの意向を確認したところ,「妻の介護をしていっしょに暮らす」ことを希望していました．しかし，Ｂさんの主治医は,「いままでのように妻の介護を行うのは困難ではないか，在宅酸素療法が必要になるかもしれない」とのこと．両者を担当する医療ソーシャルワーカー（MSW）が,「経済的理由から２人で施設利用は困難」という見解でした.「いっしょに自宅で暮らしたい」という２人の意向は尊重したいけれど，解決策が見いだせず混沌としていました.

Ａさんをみている看護師と理学療法士は,「機能訓練すれば自立度が上がるのではないか，夫の介護負担を減らすことができるかもしれない」という発言をしました．これを転機に，Ａさんの入院期間を延長し，いっしょに自宅退院ができないだろうかという話し合いが行われるようになりました．さらに，いままで在宅でＡさんを支援していた在宅支援チームにも加わってもらうことになりました.在宅支援チームのメンバーは，Ａさんのケアマネジャー，訪問看護師，ヘルパーです．３つの合同チームのチームリーダーはＣ病棟の看護師長が務めることになりました.

４）目標と計画立案・目標と計画の共有（統一期）

院内２チームに加え，在宅支援チームにも参加してもらい，３チーム合同のカンファレンスを実施し，目標を共有して合意形成を図りました.「目標は，夫婦で在宅生活に戻る」ことで一致しました.目標達成のために，夫婦それぞれの医療・ケアと夫婦の生活の見直しを行うことにしました．Ａさんについては，少しでも夫の介護負担を軽減するために，機能回復を行い，体力をアップすること．Ｂさんについては肺気腫の回復と機能維持のための治療と介護者役割の見直しです．Ｂさんの介護者役割を支援すると同時に，Ｂさんに

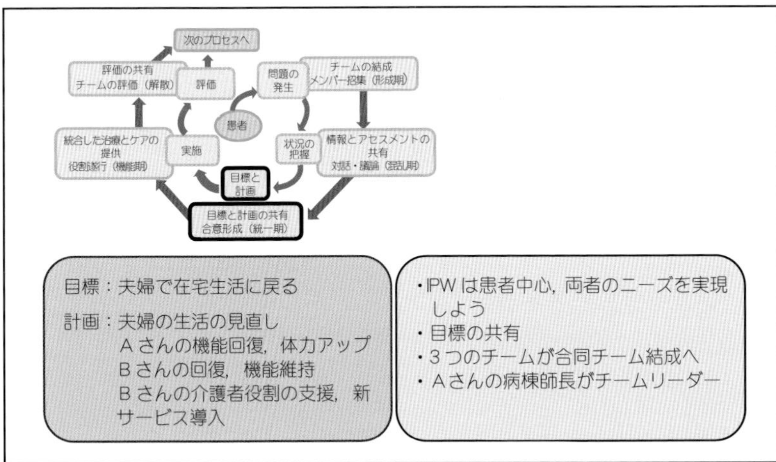

第 16 図　目標と計画・目標と計画の共有

も介護保険申請を行って在宅で暮らすための新サービスを導入することになりました．ご夫婦それぞれのサービスですが，１つの家族として一体的に支援するという考え方で３チームが合意しました．

５）統合した治療とケアの提供・役割遂行（機能期）

Ｃ病棟では，看護師がＡさんの日常生活の自立支援を開始しました．理学療法士による機能訓練も行われています．管理栄養士は体力アップのために経管栄養の見直しを行っています．
Ｄ病棟では，Ｂさんの肺気腫の治療とともに，看護師による禁煙指導，生活指導が行われています．在宅支援チームのケアマネジャーや訪問看護師とも自宅療養環境の整備を相談しました．

また，MSW は夫の介護保険申請を行い，在宅支援チームのケアマネジャーとともに夫婦のケアプランを相談しています．

Ａさんチームのリーダーは C 病棟看護師長，Ｂさんチームのリー

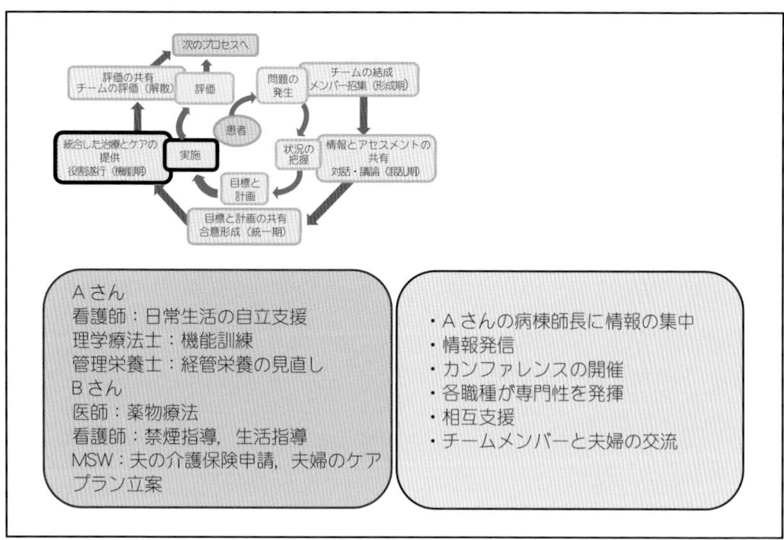

第 17 図　実施・統合した治療とケアの提供

ダーはＤ病棟看護師長，在宅支援チームのリーダーはケアマネジャーです．３つの合同チームのリーダーはＣ病棟看護師長でした．３つの合同チームは，それぞれがチームとして機能しつつ，合同チームとしてはＣ病棟の看護師長に情報を集中させていました．

３つのチームのリーダー同士が情報交換を密にして全体が１つのチームとして機能していました．時には，Ｃ病棟にＢさんを連れていき，ご夫婦の面会時間をつくっていました．また，在宅支援チームのケアマネジャーが病院にきたときにはＣ病棟とＤ病棟を訪問し，ご夫婦やスタッフと話していきました．

６）支援の評価・チーム評価の共有（散会期）

Ｂさんの病状が落ち着き，退院が可能になりました．今回は在宅酸素療法をしないですみました．Ａさんはベッド上生活ですが，寝

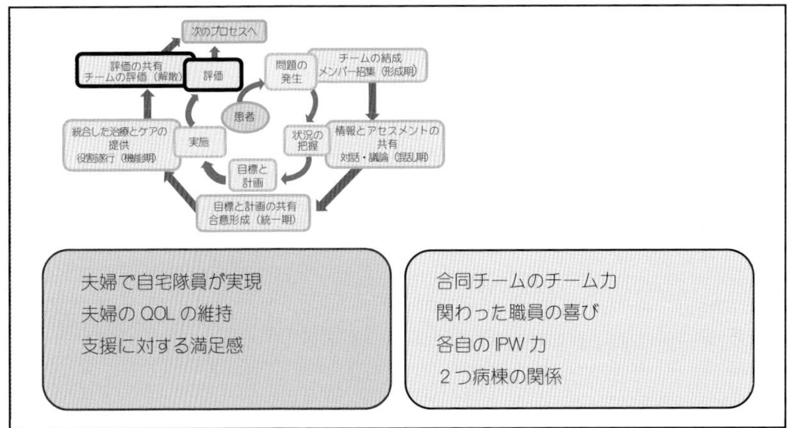

第 18 図　評価・チーム評価の共有

返りや腰上げが上手になりました．目標であった「夫婦で在宅生活に戻る」が実現しました．当初，問題となったＡさんとご家族であるＢさんのニーズは満たされ，ご夫婦の QOL は以前より上がりました．病院や在宅チームによる支援に大変感謝され，満足していました．患者の立場から評価すると，問題解決ができ，満足感の高い支援と評価できます．

チームの評価はどうでしょう．チームメンバーで振り返ってみました．この事例の問題解決がうまくいったのですから，３つのチームで行った IPW はよい実践と評価できると思います．

まず，チーム形成プロセスとしては，３つの合同チームという複雑なチーム形成プロセスでした．３つのチーム形成は，最初にＣ病棟チームができ，次にＤ病棟チームといっしょに院内のチームができ，さらに在宅支援チームが加わっています．３つの合同チームとしては初めてのチームづくりですが，各チームは日常的な活動基盤がありましたし，病棟看護師長とケアマネジャーが要となって，早期に機能期になっています．混乱期を早期に乗り越えたのは，患者の意思を尊重した支援を考えようとするメンバーがいるからですし，入院中から在宅へのスムースな移行ができるような継続支援を考えるからこそ，在宅支援チームを加えることにつながったのです．ですから，在宅支援チームも加わって目標と具体的な計画立案に合意が得られ統一期に至っています．機能期は，C病棟の看護師長が合同チームのリーダー役割が発揮できていたことと，３人のチームリーダーの関係性が良かったので，合同チームのメンバーシップを発揮しつつ，自分のチームではリーダーシップを発揮していたのだと思います．夫婦が無事に退院したときには，メンバーの満足感が高かったと聞いています．合同チームでIPWを実践したという達成感が得られました．

３つのチームのメンバーは，合同チーム全体を視野に入れて他のチームと比較しながら自分のチームを意識していたので，チーム力が上がったのではないでしょうか．チーム力は各自のIPW力の結集ですから，各自のIPW力が向上したのだと思います．

７）IPWとしての評価

IPWの二重構造でみると，二重めのIPWのチーム形成プロセスは，合同チームが散会となり，病院の２つのチームも散会となります．そして，在宅支援チームは今後も継続してこの夫婦の支援をしていきます．この事例の副産物として，チームを超えた交流が促進されました．２つの病棟の看護師は，夫婦の面会をセッティングしたり，情報を共有するなどで互いに行き来するようになりました．在宅チームのメンバーは，病院スタッフと顔なじみになったので，他の患者のことでも交流するようになりました．つまり，IPWの多重構造にある組織間連携が促進されたと評価することができます．

２．障がい者通所施設利用者に必要となった医療的ケア導入支援（福祉施設事例）

福祉施設における IPW 実践例として，障害者通所サービスの利用に医療的ケアが必要になった利用者の支援プロセスについて紹介します.

１）事例の概要

Ａさんは 20 歳代の男性で，進行性の疾患に伴う身体障害，知的障害があり，父親と暮らしています. 特別支援学校高等部を卒業後，Ｂ事業所の通所サービスを週５回利用しています．進行性の疾患の症状が少しずつ進んできて，最近では長時間座っていることや寝返りを打つことが難しくなってきました．定期的に病院での診察を受けていますが，先日，主治医から日中活動中にも痰の吸引をしたほうがいいといわれました．そのことで，父親からＢ事業所に相談がありました.

Ｂ事業所はＣ法人内の事業所の１つで，職員は，管理者，サービス管理責任者，生活支援員，非常勤看護師が所属しています．この相談時の事例の関係者を第 19 図に示しました.

２）利用者が抱える問題やニーズ

病状が進行しているＡさんは日中の活動中に痰の吸引が必要な状態になっており，Ｂ事業所に通所しているときに，痰の吸引をしてほしいというニーズがありました. しかし, これまでＢ事業所では,医療的ケアをしておらず，ニーズに対応できないということが問題となりました.

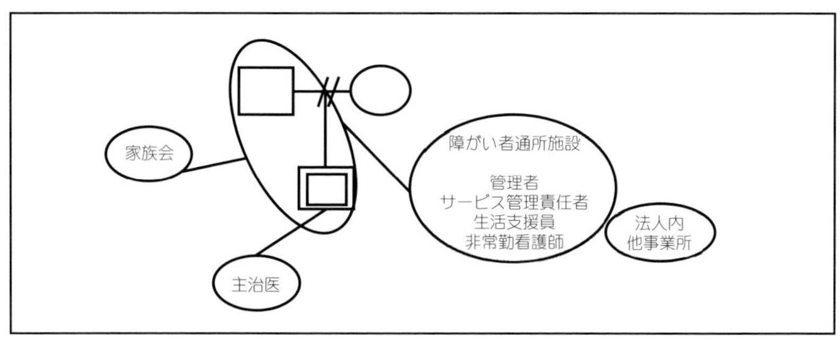

第 19 図　相談時の事例の関係者

3）利用者の問題解決プロセス

この問題に対して，IPW の構造の一重目である問題解決プロセスとして以下のような対応をしました．

（1）課題の発生

A さんの病状は少しずつ進行し，痰の吸引が必要になってきたため，父親から，事業所での活動中にも対応してほしいと相談がありました．B 事業所で医療的ケア（痰の吸引）ができるのは D 非常勤看護師だけで，看護師が不在になる時間の対応が課題となりました．

（2）状況の把握

B 事業所は，障害をもつ利用者が日中の集団活動をする場所です．これまで個別の医療的ケアが必要な場合は非常勤看護師ができる範囲で行うか，一時的に家族が付き添うなどの対応が取られていました．

（3）目標・計画

B 事業所の従来の対応に沿って，A さんに適した活動場所や方法を検討するという計画になりました．父親には，活動時に父親が付き添うか，医療的ケア対応可能な他事業所に移るかという案を提示しました．しかし父親はいずれの方法も納得せず，B 事業所での医療的ケアの対応を希望しました．そのため，この計画は実施に至らず，利用者の問題解決のプロセスはストップしてしまいました．

４）チーム形成プロセス

IPW の構造の二重目であるチーム形成プロセスは以下のとおりです．

（1）形成期

B 事業所の職員たちは，日ごろのサービス提供においてもチームで活動しています．父親からの相談を受けて，A さんのニーズに対し B 事業所内の職員チームで会議を行い，話し合いました．「医療的ケア対応を検討するためのチーム」の形成プロセスがはじまったといえます．

（2）混乱期

職員の話し合いでは，これまで，活動時間中の利用者に医療的ケアを行った前例がなく，活動時間に父親に付き添ってもらうか，医療的ケアの対応可能な事業所に移ってもらうことを検討しました．実際に，日常的に A さんに対する父親の介助量が増えてきています．父親は，事業所での活動時に自分が付き添う，または医療的ケア対応可能な他事業所に移る，のいずれも納得せず，職員との間での不信感が生じることになりました．職員間でも，集団活動での個別の医療的ケアの可能な範囲について議論が続きました．

（3）統一期

職員たちは他事業所の医療的ケア対応方法の情報収集，主治医に痰の吸引方法の確認，法人内の他部署の協力を求めるなど，取れる手立てを探り始めました．Ｂ事業所の非常勤看護師が中心となって法人本部，他部署の看護師にも医療的ケア対応について度重なる交渉を行った結果，協力が得られることになりました．つまり，「医療的ケア対応を検討するためのチーム」は，メンバーが増え，組織外の協力者を巻き込み拡大していました．

(4) 機能期

Ｂ事業所非常勤看護師が日中活動中に痰の吸引を試行し，他部署看護師も含めた対応案を検討しました．医療的ケアを担当しない職員もサポートする体制を取ることで，事業所全体での実施体制ができてきました．また，自宅でのケアの様子を父親に聞いて，負担を軽減するための方法を検討しました．

(5) 散会期

チームで支援活動の振り返りをしたところ，継続的な支援の必要性があるため，チームはここで解散するのではなく継続することを確認しました．この振り返りでは，Ｂ事業所内の職員とＡさん・父親といっしょに行い，日中活動中に安全に痰の吸引が行えることを確認し，個別支援計画を決定しました．ただし，Ａさんの病状の進行状況によっては，再検討の必要があることも確認しました．

5）問題解決プロセスとチーム形成プロセスの連動

上記の利用者の問題解決のプロセスとチーム形成のプロセスは連動していますので，その関連として，なにが起こっていたのかを振り返り，分析してみました．

「課題発生」と「チーム形成期」では，Ａさんの父親からの相談を受けたときに，Ｂ事業所内の通常の支援チームは，医療的ケア対応を検討するためのチームになりました.

「状況把握」の時期はチーム形成プロセスでいう「混乱期」に対応していました. 従来, サービス事業所での対応では個別の医療的ケアは困難であり, その前提で検討していたので, 父親と支援者との協力関係は悪化してしまいました.

チームとしては, 父親の希望にも耳を傾け, 事業所としてできることはないかと探るなかで「統一期」に至ることができ, 問題解決プロセスの「目標計画」立案に対応することができました. その結果, 対応策が広がりました.

その後は, 医療的ケアの試行をチーム一体で行う「統一期」となり, 協力体制が取られました. それによって, いったん止まった利用者の問題解決プロセスは, 計画を「実施」する段階へと進みました.

「散会期」はチームの解散ではなく, 活動の一区切りの段階で振り返りをしました. チームで行う支援活動の継続が確認され, そし

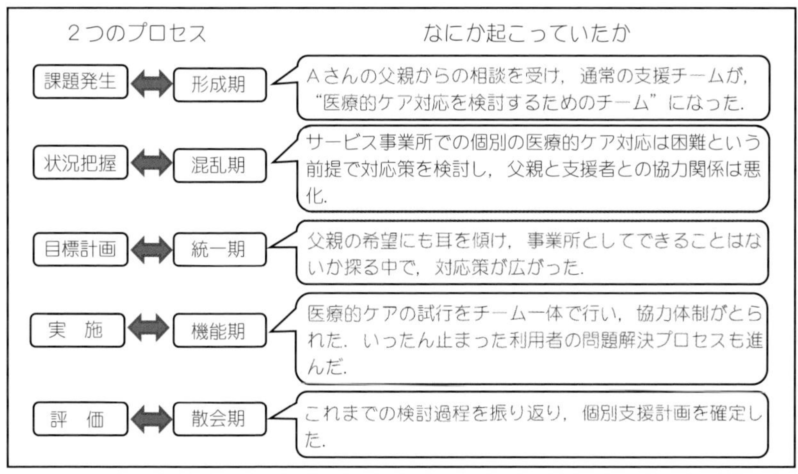

第20図　問題解決プロセスとチーム形成プロセスの関連性の分析

てこの振り返りによって，問題解決プロセスとして検討してきた過程を「評価」することもできました．

6）IPW としての評価

この事例は，Ａさんの病状進行に伴い医療的ケアが必要になったとき，事業所内の通常の支援チームでは対応できず，医療的ケア対応を検討するチームが発足しました．チームで検討を重ねて，事業所の他部署や法人内の他の部署へ働きかけて協力を得たり，主治医とも連絡を取り合い，機関間連携や地域連携に広げることによって，Ａさんのニーズの実現に至ることができました．また，近隣の協力や生活保護ワーカーによる支援が得られるようになり，父親の介護負担につながりました．この間，病気は進行するなかＡさん自身は SNS を通して友人のネットワークが広がりました．この事例は，事業所内のみのチームから機関間連携や地域連携に拡大したことによ

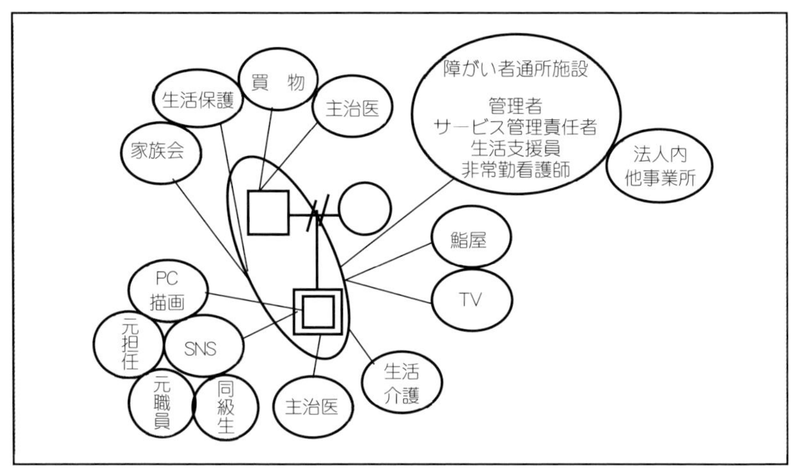

第 21 図　医療的ケアを導入できた後の関係者

って成果が得られた IPW の事例といえます．

３．地域の多機関を巻き込んだ独居高齢者の生活継続支援（地域包括支援センター事例）

地域の支援事例には，本人や家族による支援要請ばかりではなく，地域住民からの困り事対応や支援要請があります．この事例は，ご本人に困った様子はないにもかかわらず，近隣住民たちは心配して，地域包括支援センターに連絡してきた事例です．地域包括支援センターが中心となって，高齢者の生活支援を継続に行った IPW の展開プロセスを紹介します．

１）事例の概要

A さんは，ひとり暮らしの 80 歳の女性です．過去に家族と商売をしていたので，住居には店舗部分と居室があります．家には昔の商売道具や段ボール・古紙，衣類や食べ物などが詰め込まれた状態で，近所では「ごみ屋敷」として知られています．消防団からは何度もゴミを捨てるように，火の元に注意するようにいわれています．最近ではＡさんが「商売道具が盗まれた」と警察に電話をしたため，警察官が家を訪ねてきたこともありました．

２）地域包括支援センターによるアウトリーチ

Ａさん自身に困った様子はなく，周りの人の話を聞く気はなく，福祉サービスを利用する気もありません．近隣住民たちから要請を受けた地域包括支援センターの社会福祉士が，自宅を訪問することにしました．これは，近隣住民が地域包括支援センターに連絡を入れてくれたことで，社会福祉士によるアウトリーチにつながったという例です．

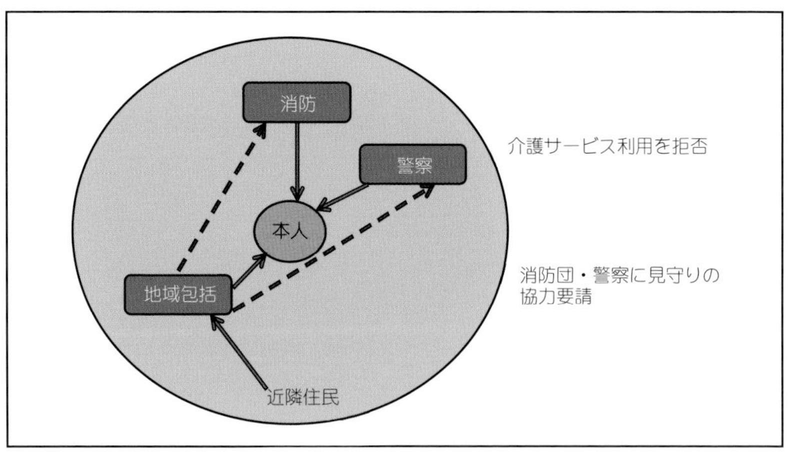

第 22 図　地域包括支援センターによる関わり初期の状況

地域のひとり暮らしの人を訪問していると伝えると，Ａさんは玄関で応対してくれました．日常生活の様子をうかがうと，身の回りのことはおおむね自立しているようですが，入浴している様子はありません.「お年寄りのための介護サービスがありますよ」と話しかけると，ドアを閉められてしまいました．現段階で地域包括支援センターが関わることは難しそうです．そこで，社会福祉士は，現状ですでにＡさんの状況を知り関わりがある消防団や警察の関係者と連絡を取り，見守りの継続を依頼しました．

3）消極的な見守り支援

地域包括支援センター内のケース会議で，社会福祉士はＡさんの状況について報告しました．他の職員からは，緊急の度合いにもよるが，支援や関わりを受け入れない現状では，しばらく様子をみたほうがよいのではないか，消防団や警察の関係者と連絡を取ったのだから十分ではないか，ほかにも優先して支援をしなければならな

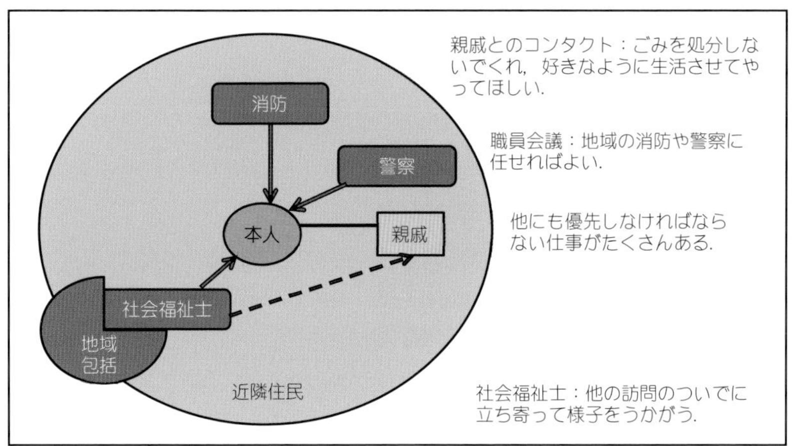

第 23 図　消極的な見守り支援

い高齢者は多くいる，などという意見が出されました．

社会福祉士は，このような意見が出るのもやむを得ないと思いつつ，なにか A さんの支援につながる手立てはないかと，近所の人を通じて A さんの親戚に連絡を取ってみることにしました．隣市に住む親戚の人は，家の中のものは処分しないでやってほしい，A さんは苦労してきた人なので好きなように生活させてやってほしい，という考えでした．社会福祉士はやむなく，他の訪問などのついでに A さん宅に立ち寄って様子をうかがい，見守りを続けることにしました．

この時期の支援は，消極的な見守りではありますが，A さんを不安にさせることなく，A さんを見守る地域のチームが形成できてきました．

４）消極的見守りから積極的支援への転機

社会福祉士はしばらく A さんの見守りを続けていましたが，近隣住民から，A さんに関する苦情相談の回数が増えてきました．そこで再度，地域包括支援センター内の会議で，近隣からの相談回数も増えており，A さんの身体面・生活面の安全確認が必要だと課題提起をしました．しかし，支援を開始するにも，本人はサービスを拒否しています．そのため，現段階でできることとして，地域包括支援センターの保健師が高齢者の健康診断の呼びかけとして，自宅を訪問することを提案し，了承が得られました．

この社会福祉士による課題提起が，消極的な見守り支援から，地域包括支援センター内で A さんのリスク状況についての共有を図り，「いまできること」を考えるという積極的支援への転機となりました．

５）地域連携による支援体制整備

地域包括支援センターの保健師と社会福祉士が，A さんに高齢者の健康診断の話をしようと自宅を訪問しました．しかしこのときは応答がなかったため，地域包括支援センターの連絡先を書いた紙と健康診断のチラシを玄関のドアにはさんで帰りました．

また社会福祉士から地区の民生委員に見守りの協力を依頼しました．民生委員は週に１，２回は A さん宅近くに立ち寄って，様子をうかがってくれました．そして社会福祉協議会に自宅清掃のボランティア派遣の打診もしました．A さんの了承なく自宅清掃はしませんが，自宅で衛生的に暮らすのには必要なことなので，時期がきたときのためにできる手立てを考えておこうという考えで，検討してくれることになりました．このように，「今後の支援に向けた準備」のプランを立案し，地域の支援者を拡大して A さんの生活支援体制を整備しました．

６）健康問題を切り口にした A さんへの支援

後日，もう一度地域包括支援センターの保健師と社会福祉士が，A さんの自宅を訪問しました．A さんは玄関まで出てきてくれましたが，しばらく着替えもしていない様子で，足元がふらついていま

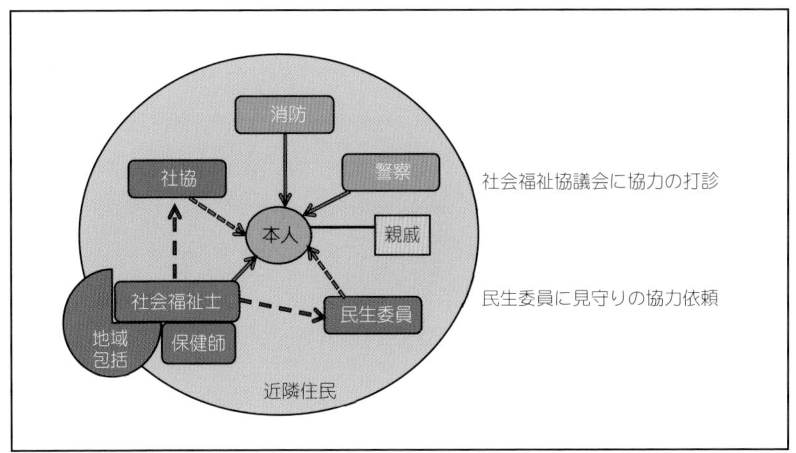

第 24 図　地域の支援者拡大による療養支援体制整備

す．保健師は，A さんはどこか具合が悪いのではないかと思い，「立っているのはつらくないか」「ご飯は食べているか」と声をかけました．するとAさんは，「どこも悪くはない」といいつつ，座りこんでしまいました．「私たちがついていくから，いっしょに病院に行きましょう」と話すと，しばらく考えた後に小さな声で，「入院はいやだ．診てもらうだけならいい」といいました．

受診の結果，入院での検査と治療を勧められました．しかし保健師と社会福祉士はAさんの希望に沿って，自宅で療養するための支援計画を立てることにしました．

Aさんが自宅療養するためにはどのようにすればよいかをAさんと話しました．まず自宅を片づける必要がありますが，なかなかその話にはなりません．それでも体調が悪いときに病院に連れて行ってくれた保健師と社会福祉士には，少しずつ話をしてくれるようになり，Aさんへのラポールができてきました．

Aさんの商売道具に対する思いの強さは，亡くなった夫を思ってのことだということがわかりました.「ご主人と暮らしていたときのように，家の大事なものを整えましょう」と話しかけると，清掃のために人が入ることに了承してくれました.

また自宅で療養を続けるためには，買い物や家事，食事の用意などが必要なことも話し合いました. はじめは「自分でできるから大丈夫」といっていたＡさんですが，診察をした医師が「体調不良があったら，すぐ入院治療になります」といっていたことを思い出し，介護保険を申請して，日常生活の支援やサービスを受けるために居宅介護支援事業所のケアマネジャーに相談することにも納得してくれました.

7）ケア会議による支援計画の合意形成

Ａさんの了承を得て，医療・介護サービス関係者と自宅療養のためのケア会議を呼びかけました．Ａさんとサービス関係者に地域包括支援センターに集まってもらい，ケア会議では社会福祉士がファシリテーターとなり，以下のような話が出され，自宅療養の支援計画としてまとめられました.

- Ａさん：自宅で療養を続けるために，協力をお願いしたい
- 社会福祉協議会：ボランティアと協力して，Ａさんの大事なものを整えたい
- 居宅介護支援事業所：要介護度に応じてデイサービスや訪問介護を導入する
- 民生委員：生活に足りないものがないか確認するために，時々訪問したい
- 医療機関：かかりつけ医と訪問看護師に体調管理を依頼し，治療が必要になったときに入院を引き受ける
- 地域包括支援センター：療養状況・サービス利用状況把握のためモニタリングを行う

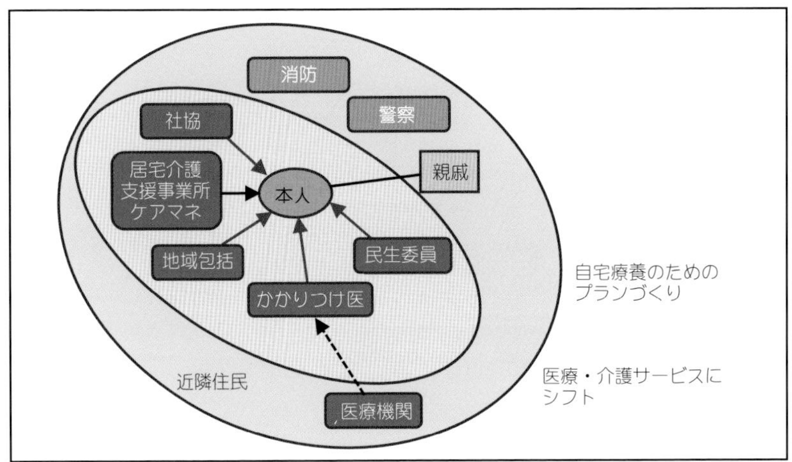

第 25 図　A さんを取り巻く関係者とケア会議参加者

8）地域課題への対応

A さんご自身のニーズである健康問題や自宅で暮らし続けたいというニーズの実現を目指した生活支援体制が整い，支援計画が実施されました．

近隣住民は，サービスに関わる支援者が A さんを定期的に訪問してくれていることがわかり，地域包括支援センターに A さんへのクレームや相談が持ち込まれることはなくなりました．心配事があったときには，地域包括支援センターと相談して対応していけばいいですね，といってくれた人もいました．

9）IPW としての評価

この事例を IPW の多重構造で評価してみます．まず，問題解決プロセスでは，出発は本人の問題ではなく，地域住民からの申し出によるもので，地域住民の困り事です．地域包括支援センターの初

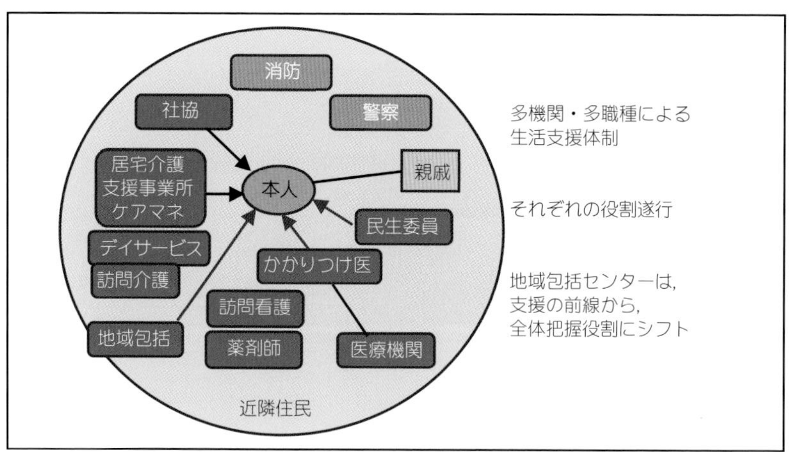

第 26 図　A さんの健康問題支援を含めた生活支援体制整備

期の関わりは，消極的な見守りでしたが，本人の健康問題が生じたときに関わりが変化しています．最終的には本人の健康問題への対応を切り口に，自宅で暮らし続けたいという本人の希望を実現するプロセスとなりました．そして，結果として地域住民の困り事も解決しました．

チーム形成プロセスをみると，はっきりチームメンバーとして組織されたわけではありませんので，関わった人たちのチーム意識は低かったと思われます．しかし，地域包括支援センターの社会福祉士が中心となって，地域のサービス資源である警察や消防，民生委員を支援者とし，さらに社協やケアマネジャー，かかりつけ医など支援者を拡大し，多機関・多職種，地域住民による地域連携を創り上げました．ケア会議では，ご本人の健康問題と意思を尊重した暮らしの支援について，ご本人の希望や意思が重視され，参加者のパートナーシップで目標とプランの合意形成が行われています．

この事例は，IPW の二重構造の外側に位置づけた多機関・多職種，地域住民との連携による地域連携の取り組みが先行して成果を上げ，問題解決プロセスが進行し，本人および地域住民にとっても安心感が得られる成果となりました．

＊コラム 4)：地域の見守り

高齢者の地域生活を見てみると，持病がある，家族と離れて住んでいる，ゴミ出しや買い物などの外出がおっくうになってきたなど，高齢者自身が生活上の支障や不安を感じていることがあります．いまは大丈夫だが，いずれは日常生活に不安が生じるかもしれないと思っている場合もあるでしょう．高齢者自身から見守りをしてほしいという言葉が出てこなくても，不安な様子や生活上の支障は，見守りや声かけ，ちょっとした手助けが必要になってきたサインといえるでしょう．もし近隣住民が気づいたら声をかけてあげたいですし，必要ならば地域の見守りの仕組みにつなげることが大切です．このような見守りは“緩やかな見守り”といわれます．

高齢者や家族，また近隣住民からの，地域における相談の窓口となっているのは，民生委員や地域包括支援センター，社会福祉協議会などが挙げられます．民生委員は，厚生労働大臣の委嘱を受けて地域住民の身近な相談相手となり，支援が必要な人の発見に努め，福祉サービスについて情報提供をしたり，相談機関につなげたりしています．地域包括支援センターは，高齢者の生活支援の拠点として地域における総合相談窓口となり，地域の見守りネットワークづくりを進め，見守り活動を推進しています．市区町村の社会福祉協議会は地域福祉を推進する機関で，福祉のまちづくりを目指して地域団体や住民に働きかけ，住民主体の見守り活動を支援しています．

地域のなかでの見守りの必要性やニーズは，気がかりや心配という，どちらかというと周囲の気づきから始まるようです．しかし，近隣住民が心配しているからというだけで，特定の住人への見守りが必要だと判断するのも難しく，住民どうしの見守りが監視のようになってしまっては，地域生活はしづらいものとなってしまいます．地域のなかで見守る立場，見守られる立場は，必ずしも固定的，一方的なものではなく，同じ地域に住む者として，お互いの生活や環境に関心をもつ立場にもあります．そこで支援者による調整機能を発揮し，見守る立場にある人びとも見守られる立場にある人びとも相互理解を図り，住民どうしの取り組みとして地域づくりを進めているのです．

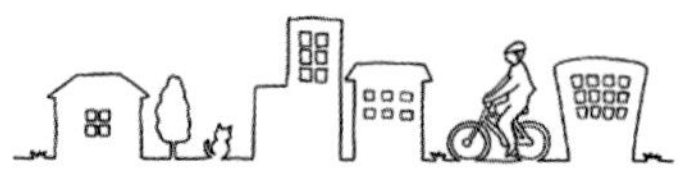

第6章 IPWを意図的に実践するための研修方法

第6章では，IPW分析シートを活用した事例検討の研修を紹介します．加えて，IPWを推進するための実践力を高めるロールプレイ研修として，多職種カンファレンス場面のシナリオを用いた研修方法を紹介します．

1．IPW分析シートを活用した事例分析の研修方法

うまくいった支援あるいはうまくいかなかった支援から，実践知を見いだし，次の支援につなげ，支援の質の向上を図るうえで，IPWの要素や構造，展開を理解するための事例分析は重要です．第5章で紹介したように，多職種で実践した事例を分析し，言語化することによって，実践知を共有することができます．IPW分析シートを活用して実践事例を分析してみます．分析シート 1~7 を使って事例検討や事例の振り返りにご活用ください．

ここでは，研修会として，職場や職種が異なる専門職が集まってグループで事例分析を行う「事例検討研修」について，研修方法を紹介します．

1）事例検討研修の企画

＜研修のねらい＞

・連携協働の実践事例について，よい成果が得られた要因やうまくいかなかった連携協働の要因について IPW シートを活用し

て分析し，実践知を得る.

・IPW シートを活用した事例検討方法を身につけ，IPW を意図的に実践する力をつける.

・研修参加メンバーとのグループワークを通して，チーム活動を体験し，チーム形成プロセスにおける自分の役割遂行や，連携力を振り返る.

<参加者>

・保健医療福祉に携わる専門職，IPW に関心がある支援者など.

<研修の準備>

・多職種で実施した事例を持ち寄るよう，事前にオリエンテーションしておく.

・本テキストで IPW について事前学習を行う.

・１グループ５名前後でグループをつくる.

・シートは，A4 用紙にするか，模造紙やホワイトボードにするか，デジタル化してパソコンで記入するかは，研修の企画によって工夫する．成果発表の方法とも連動させるとよい.

２）グループワークの開始

・アイスブレイクを兼ねて，グループ内で自己紹介を行う.

・各自が自分の事例を簡単に紹介し，グループでだれの事例を分析するかを決める.

・事例分析のプロセスは，IPW の三重構造に基づいて，実践プロセスを分析するための６つの側面があることを確認する（IPW の構造については，77 ページ参照）.

①利用者が抱える問題やニーズ（シート１とシート２）

②利用者の問題解決プロセス（シート３）

③チーム形成プロセス（シート４）

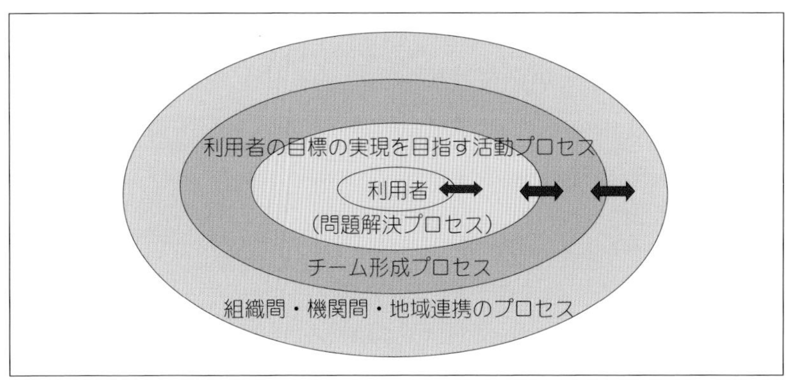

第 27 図　IPW の三重構造

④利用者の問題解決プロセスとチーム形成プロセスの連動性（シート５）
⑤組織間・機関間・地域連携のプロセス（シート６）
⑥グループワークの振り返り（シート７）

・この６つの側面から事例検討を行うための IPW 分析シートは，シート１～シート６までです．シート７は，グループワークを行った研修チームの振り返りシートです．
・事例提供者自身が体験したチームや組織，機関間連携などによる支援プロセスを，IPW 分析シートを活用して記述していく．
・シートへの記述は，チームメンバーが代行してもよいし，チームメンバーは事例提供者に知りたいことや疑問に思うことを質問して聞き出し，シートに記入できるように協力する．

３）利用者が抱える問題やニーズ（シート１と２を用いたグループワーク）

IPW としてまず取り組む課題が，利用者が抱える問題やニーズになります．「事例のテーマ」「利用者の特徴」「事例の概要」の３点にまとめます．利用者状況を深掘りしすぎるとIPW状況を捉えにくくなりますので，簡潔な記述が適切です<シート1；第28図>．

①事例のテーマ：利用者状況を簡潔に示すために事例のテーマを提示します

②利用者の特徴：利用者の抱えるニーズやストレングス，利用者を取り巻く状況について，特徴をわかりやすく捉えます

③事例の概要：支援や関わりの始まりや経過，IPWにつながっていく状況を捉えます

問題解決プロセスの出発として，利用者が抱える問題やニーズを書き込みます．利用者の特徴と事例の概要を補うために，シート2を活用します．

シート2では，事例に関わりのあるソーシャルサポート，すなわち支援者やまわりの人を把握するための図を作成します．この図は，エコマップともいいます．利用者の置かれている状況を理解するために環境（エコロジカル）に目を向けることを意図しています．

○は女性，□は男性，二重になっているのが当事者，黒くなっているのは亡くなっている人です．婚姻関係は二重線，親子関係なども家族構成として関係づけます．家族の周りには支援者が関係する人・

＜シート１＞

＊事例のテーマ ＊利用者の特徴 ＊事例の概要

第28図　利用者が抱える問題やニーズ

<シート２>

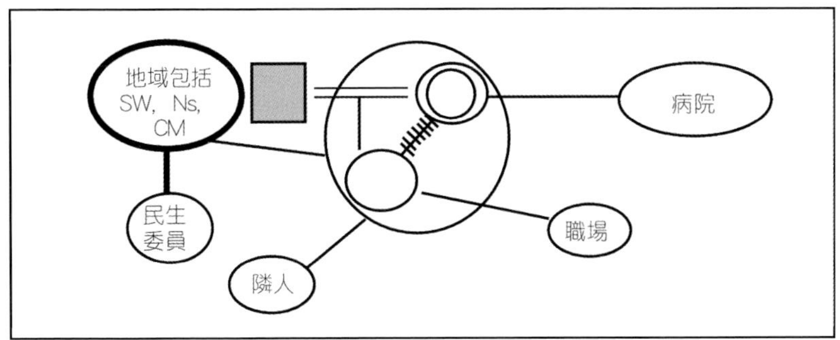

第29図　エコマップ

機関の名称を書きます．関係がよい場合は太い線，関係が悪い場合は線に斜線を入れたりします．シート２の例示を参考に，研修に使う事例に書き込んで見てください．

４）利用者の問題解決プロセス（シート３を用いたグループワーク）

利用者が抱える問題やニーズに対応するときに，支援者が取る行動や活動のプロセスがあります．ニーズ把握－アセスメント－支援実施－モニタリング－評価というようなものです．ここでは第29図のように「課題の発生・把握」「状況の把握」「目標・計画」「実施」「評価」の５つで示します（問題解決プロセスについては，第４章78ページ参照）．利用者が抱える問題やニーズに対応するためのプロセスをまとめます．

①課題の発生・把握：なにが起こっているか，なにが課題となっているか，対応しなければならないニーズはなにか

②状況の把握：課題やニーズはどのような状況で起こったか，どのように把握されたか

③目標・計画：課題やニーズに対応するためにどのような計画を考えるか，何を目標とするか

<シート3>

①課題の発生・把握	
②状況の把握	
③目標・計画	
④実施	
⑤評価	

第30図　利用者の問題解決プロセス

④実施：課題やニーズに対応するために何をしたか
⑤評価：行った活動はどうだったか

5）チーム形成プロセス（シート4を用いたグループワーク）

シート4には，利用者に関わったチーム形成プロセスを記述していきます．

チーム形成には，「形成期」「混乱期」「統一期」「機能期」「散会期」の過程があるといわれています（チーム形成プロセスについては，第4章71ページ参照）．利用者に関わったチーム形成プロセスを追って記述しながら，それぞれの場面が，このどの段階にあったと思われるのか振り返っていきます．

とくに「混乱期」は，チームが課題を解決するアプローチを模索するなかで，メンバー間の考えや価値観がぶつかり合う時期で，事例においても，IPWの問題が顕在化してきます．メンバーそれぞれの専門性や役割がありますので，当然のことかもしれません．情報の共有ができない，相互理解の不足による関係性の悪化やコミュニケーション不足などが起こりえます．事例の記述は，専門性の対立や職種間の関係性など，多職種が抱えるさまざまなジレンマや障壁

<シート4>

形成期	
混乱期	
統一期	
機能期	
散会期	

第31図　チーム形成プロセス

にも目を向けていきます．

しかし支援の方向性や協働に向けたIPWを進めるうえで，それは必要な段階と捉えることができます．その後，時間をかけてともに取り組む過程をへて，チームとして機能し，役割を果たしていく段階がみえてくるでしょう．

利用者が抱える問題やニーズへの対応プロセスにおける，支援関係者の動き，チーム形成のプロセスをまとめます．実際の支援場面でのチーム形成は，形成期から順序よく散会期まで進むというよりも，試行錯誤しながら行きつ戻りつするかもしれません．

6）利用者の問題解決プロセスとチーム形成プロセス連動性（シート5を用いたグループワーク）

これまでの記述を踏まえて，利用者の問題解決プロセス（課題発生→状況把握→目標・計画→実施→評価）とチーム形成プロセス（形成期→混乱期→統一期→機能期→散会期）はどう連動していたか，を分析していきます．

課題が発生し，専門性を超えて多側面からチームとしての対応が必要となれば，チーム形成，チームとしての活動が始まります．利

<シート 5>

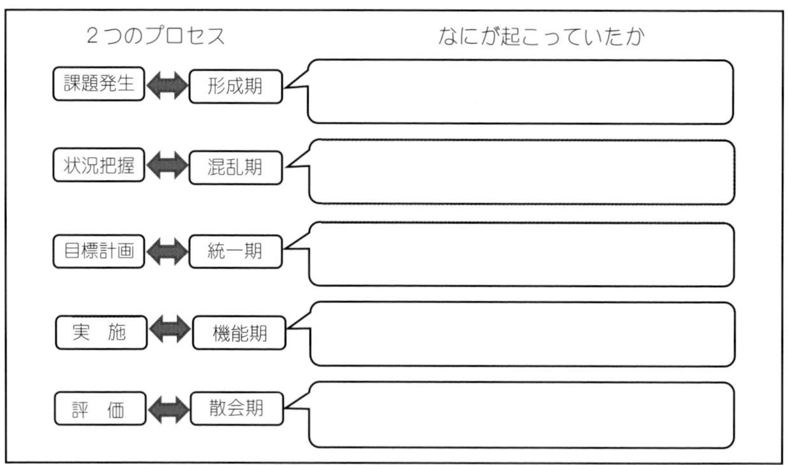

第 32 図　問題解決プロセスとチーム形成プロセスの関連性の分析

用者の問題解決とチーム形成の２つのプロセスは連動し二重構造となっていきます.

「課題発生」と「形成期」,「状況把握」と「混乱期」というように, ２つのプロセスのそれぞれの段階が必ずしも対応するわけではありませんが, 連動する２つのプロセスのその時期になにが起こっていたか, 記述していきます.「散会期」はチーム形成のプロセスでは, チームが目的を達成し解散する段階ですが, 支援活動のひと区切りとしてチーム形成プロセスを評価する機会になります.

７）組織間・機関間・地域連携（シート６を用いたグループワーク）

これまで分析してきた問題解決プロセスとチーム形成プロセス, その関連性をみると, １施設のなかでも異なる組織間連携や, 外の施設との機関間連携, 地域住民も含めた地域連携についても支援活

<シート 6>

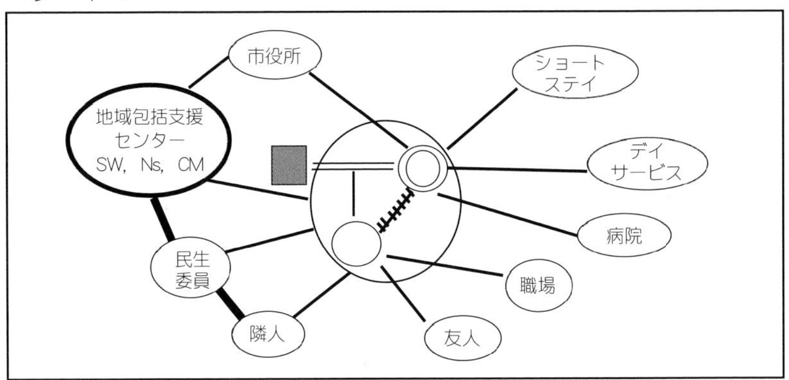

第 33 図　支援終了時：利用者を取り巻く支援者・関係者の状況例（エコマップ）

動が行われていたと思います．シート 6 では，ひとつの事例を通して形成されていったチームや関係機関の連携協働体制を視覚的に捉えるために，広く地域の関係機関を含めて，支援が進んでいった後，支援終了時の図（エコマップ）を作成します．チームとしては共に実践を共有することで，協働意識を高めることができても，組織や地域に目を向けていくと，IPW が実践しにくいような仕組みや体制，雰囲気などがある場合があります．多職種間の交流がしにくい，ヒエラルキーが強い，外部者や地域に開かれていない，などの問題にも目を向けていきます．地域としての取り組みを進めるために必要なことを探っていきます．

8）グループワークを行った研修チームの振り返り（シート 7 を用いて）

事例検討の研修では，提供された事例を用いて IPW の実践を分析してきました．このグループワークを行った研修のチームは，この事例分析を行うという目的のためにつくられたチームであり，事例

<シート7>

＊この事例に関わった専門職個々の連携力はどうだったか？ ＊チーム力はどうだったか？ ＊課題達成に向けたチーム力はどうだったか？

第34図　グループワークの振り返り

分析のグループワークをしながらチーム形成プロセスを歩んできました．そこで，グループワークを行った研修チームメンバーで自分たちのチーム活動を振り返ってみましょう．

①この事例に関わった専門職個々の連携力はどうだったか

②チーム力はどうだったか

③課題達成に向けたチーム力はどうだったか

この3点で，自分たちの研修チームで行ったチームを振り返ってみましょう．チーム力を確認するなかで，1人ひとりの連携力が高まっていることと思います．

9）グループの成果発表とまとめ

事例検討研修の最後です．各グループでは，シートを活用することで，実践したIPWの構造がみえてきますので，成果があった事例はその要因は何であったのか，うまくいかないのはなぜだったのかなど，事例検討の目的が達されているはずです．それを発表し合い，研修参加者で共有することが研修成果を高め，研修参加者の満足度も高くなります.

発表方法や，シートの提示方法を工夫し，各グループ５分程度などと発表時間を決めて発表し，意見交換を含め成果を共有します．最後に主催者側から講評があるとさらによいでしょう.

２．多職種カンファレンスにおける連携力を育成するロールプレイ研修

多職種によるカンファレンスの進行，コミュニケーションを体験するためのロールプレイ研修です．シナリオを読み合いながら，ロールプレイをしてみます.

１）研修の企画

＜研修のねらい＞

・IPW で実践する多職種カンファレンスに必要なコミュニケーションスキルやファシリテーションスキルなどを，実際の会議の流れのなかでどのような言葉や態度で示され展開していくのかを学ぶ.
・多職種チームの動的変化やチームにおける意思決定のプロセスを学ぶ.

＜参加者＞

・保健医療福祉に携わる専門職，IPW に関心がある支援者など.

＜研修の準備＞

・本テキストで IPW および連携力について事前学習を行う.
・１グループ８名でグループをつくる.

患者（鈴木重雄 81 歳）
長男（鈴木治 49 歳）
ケアマネ（高橋恵子 42 歳）
病棟主治医（清水弘一 43 歳）
病棟看護師長（加藤君子 50 歳）
MSW（田島美紀 35 歳）
理学療法士（原口保 58 歳）
薬剤師（佐藤裕子 40 歳）

2）グループワークの開始

・アイスブレイクをかねて，グループ内で自己紹介を行う.
・シナリオの登場人物を確認し，グループでだれが演じるかを決める.
・グループメンバーが 8 名以上になるときは，観察者になる.

3）カンファレンスのロールプレイ

各自がケースの概要，エコマップ，シナリオを読んで多職種カンファレンスのロールプレイをしてみます.

事例概要

鈴木重雄さん，81 歳，男性

・市営団地の 2 階で独居生活．生来健康．通院歴なし
・3 週間前，本屋で立ち読み中，急に右手の力が入らなくなり本を落とした．同時に立っていられなくなりしゃがみこんだ．本屋の店員が救急車を呼び B 病院に搬送．MRI で脳梗塞と診断され入院治療となる.
・脳梗塞の経過は良好で，右上肢下肢の不全麻痺を残すものの何とか杖歩行が可能にまで回復．右利き．食事は左手を使ってスプーンとフォークを使用．トイレも移動に時間がかかるが何とか自力で行けるところまで回復した．一方で，入院直後より認知機能が低下．ボーっとしていることが多くなった．もの忘れが目立ち，見当職障害もみられる．穏やかで問題行動はない．長谷川式簡易知能評価スケールは 16 点．入院によるせん妄の可能性もあるが，血管性認知症かもしれない．病棟主治医の清水医師は，早めに退院させたほうがよいと考え，加藤看護師長に相談し，退院前カンファンスを開催することにした.

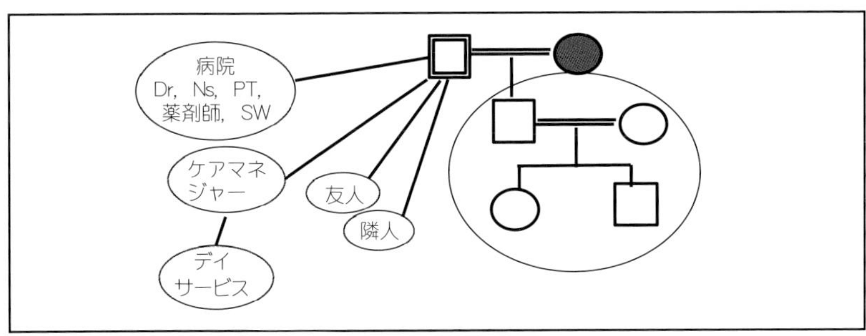

第35図　エコマップ

（1）カンファレンスの開始

参加者の紹介，カンファレンスの目的を確認します．カンファレンスの参加者は，重雄さんと息子，病院の主治医・看護師・理学療法士・薬剤師・ソーシャルワーカー，居宅介護支援事業所のケアマネジャーです．それぞれの役割に沿って，重雄さんの退院後の生活方針を話し合います．

SW：SWの田島です．本日はお忙しいなかお集まりいただきありがとうございました．鈴木重雄さんの今後の療養場所についてお話ししたいと思います．担当者の自己紹介をお願いします．

Dr：病棟主治医の清水です．
Ns：病棟看護師長の加藤です．
薬剤師：薬剤師の佐藤です．
PT：担当理学療法士の原口です．
CM：ケアマネジャーの高橋です．鈴木重雄さんの住んでいる地域の居宅介護支援事業所からきました．
息子：父がお世話になっています．息子の鈴木です．
SW：清水医師から重雄さんの病状についてお話があります．
Dr：このたび重雄さん大変でしたね．本屋で倒れて，こちらの病院に運ばれてきました．脳梗塞でしたが，急性期の治療は終わり，今回復に向けてリハビリテーションを頑張っているところです．このままリハビリテーションをやりたいのですが，ひとつ心配なのが認知機能なんです．入院してからぼーっとしていることが多かったり，場所や時間を混乱している様子がみられます．私たちの経験上，そういう場合には落ち着いて生活できるように，早めに環境を変えたほうがよいのではないかと思っています．それで今日話し合いの時間をもつことにしました．病棟での様子を看護師長から話してもらいます．

Ns：入院から１週間経って，病状は安定しています．体のほうも回復して，時間はかかっても何とか自分で動けるようになりました．病棟では看護師がついていますが，だいぶ自分で動けることが多くなっています．これもリハビリの成果だと思います．リハビリは今後も続けたほうがよいと思います．

担当の理学療法士からお話をしてもらいます．

PT：いまは病棟の中で立ち上がる練習，杖をついて歩く練習をしています．重雄さんはリハビリに前向きですが，時々寝てしまいます．起こして「リハビリをしましょう」といえば，頑張って取り組みますが，少し波があります．これからもリハビリをするとよいと思いますが，主治医がいったように，どこでどのようにリハビリをするのがよいのか，考えどころだと思います．

息子：そうですか．

SW が進行役となってカンファレンスが進み，担当者から重雄さんのリハビリの進捗状況が説明されました．

(2) 方針についての提案と話し合い

重雄さんが安全に暮らす方法を探るため，いくつかの提案をしながら話し合いを進めます．

Dr：重雄さんの療養場所について，SW の田島さんに少し調べてもらいました．

SW：前向きな重雄さんの様子も拝見して，できることならリハビリも続けたほうがよいと思いました．こちらの病院のように急性期病院でのリハビリは短期間しかできません．積極的なリハビリのために，リハビリテーション病院に移ることも考えられますが，重雄さんのような場合，高齢者施設や通所リハビリで，生活に慣れていくためのリハビリのほうがよいと思います．

CM：重雄さんのお住まいの地域では，通所リハビリや他の介護サービスも利用できます．施設や病院に移るということであれば，選択肢を検討する必要があります．

Dr：看護師長とも話していますが，自宅であればなじみの環境で暮らせるものの，重雄さんは病院にいて混乱している状況といえます．さらに別の病院や施設に行くとまた混乱するのではないか，ということも予想されます．その点を考えると，家に戻るのがよいと思いますが，ご家庭で介助や見守りができるかどうか，事情もあると思うので，可能かどうかも含めてお考えをうかがいたいと思います．

息子：今日ここに来る時には，もう少し病院で世話してもらいたいと思って来ましたが・・・．

Ns：そうですね．いまの時期に退院というのも大変ですよね．ただ重雄さんが，昼間にも寝てしまっていたり，起きても生活の時間がずれてしまったりしてきているので，さらに入院生活を続けると，そういう症状がもっと出てくるのではないかと心配です．早く自宅にもどるほうが，ご本人も元の生活にもどれるのではないかと思います．

鈴木さん，病院での生活はどうですか．お家に帰るのはどうでしょうか．

重雄さん：もう病院飽きちゃったよ．家がいいよ．

Ns：そうね．自分で何でもやりたい気持ちがありますよね．

重雄さん：うちでテレビ見たいし，友だちといっしょにコーヒー飲みたいし．

息子：父のそういう気持ちもわからなくはないですが，これまで父はひとりで暮らしてきたので，不安があります．私自身，車のディーラーをやっていて仕事が忙しい．妻も仕事をしていて，息子と娘がダブル受験で，家のスペースの問題もあり，父を引き取るというのはちょっと・・・．

医療的な観点から方針を提示するだけではなく，患者本人や家族の気持ちや家庭の状況などを聞きながら，安全に暮らす方法や可能性について意見が出されました．

(3) 具体的な生活方法の提案と検討

施設や病院での生活，家での療養生活等について，具体的なイメージをもちながら，話し合いを進めます．

> SW：息子さんが重雄さんを引き取るのは，今はちょっと難しいということですね．しかし重雄さんの現状で，施設や病院での療養を続けることはデメリットもあります．一人暮らしをするにも少し心配がありますが，重雄さんは家に帰りたい気持ちがある．重雄さんの一人暮らしは大丈夫でしょうか．
>
> Dr：重雄さんの生活環境を確認しましょう．
>
> PT：重雄さん，どんな住宅にお住まいですか．
>
> 息子：市営住宅の２階に住んでいます．エレベータはありません．
>
> PT：エレベータはないんですね．そうすると階段の上り下りをどうするか．
>
> Ns：もう少しリハビリが進んでいけば，自分で動けるようになるでしょうか．
>
> 重雄さん：もう歩ける，自分で歩けるよ．
>
> CM：手すりや介助が必要でしょうか．介護保険サービスの利用や公営住宅の住宅改修の相談をすることができると思います．

元どおりの生活とはならなくても，さまざまなサービスや方法を取り入れて，支援者と患者・家族が生活のイメージを共有するような話し合いが進められました．

(4) 課題への対応策の検討

療養生活をするうえで課題となることを明確にし，対応策を話し合っておきます．

> Dr：ひとり暮らしなので，薬をきちんと飲めるのかが心配です．どうですか，薬剤師の佐藤さん．
>
> 薬剤師：いま脳梗塞の再発を予防する薬が処方されていますが，自分で薬を飲むのを忘れてしまうことがあるようです．看護師が薬を重雄さんの手にのせて，薬を飲むのを確認している状況です．リハビリにもなるので，病棟でも

お薬カレンダーや薬を分類する箱を使ってみましょう.
重雄さん：教えてくれればがんばるよ.
薬剤師：いっしょに何日かやってみましょうか. おうちに帰ったら, ケアマネジャーの高橋さんとも相談して, ヘルパーさんに確認してもらうなどの方法をまた話し合えればいいと思います.
息子：そういうことも相談にのってくれるんですか.
CM：重雄さんがおうちで療養生活を送れるようにいろいろ考えましょう.
Dr：いくつか選択肢があるなかで, 自宅にもどるのがいいかと思いますが, いまいろいろな専門職の話を聞いて, お気持ちはいかがですか.
息子：お父さんは家がいいんだよね.
重雄さん：家がいいよ.
息子：父がそういうし, みなさんのお話しも聞いて, やっぱり家に帰るのがいいのかなと思いました. まだ心配はありますが, ケアマネジャーの高橋さんといろいろ相談しながら進めたいと思います.
CM：介護保険を申請して, ヘルパーやリハビリの人にきてもらったり, リハビリに出かけることを考えましょう. 重雄さんや息子さんの意見を聞きながら, 介護保険サービスのプランを考えていけると思います.
息子：安心しました.
Dr：今後も重雄さんの診察は必要ですので, 月１回外来にきてください. 息子さんは付き添いができますか.
息子：月１回であれば, 自分が連れてくることはできます.
SW：療養生活で必要なことがあれば, またみんなと相談しましょう.
重雄さん：家帰れるんだね.
SW：今日はお集まりいただきありがとうございました.

方針, 療養生活のイメージを共有し, 担当者もそれぞれの役割を確認し, カンファレンスは閉会となりました.

４）ロールプレイの振り返り（リフレクション）

カンファレンスの目的確認, 方針についての提案と話し合い, 具体的な生活方法の提案と検討, 課題への対応策の検討という流れがありました．カンファレンスにおける参加者の姿勢を振り返ってみましょう．

- 自分が演じた役を通して，どのような気持ちになりましたか．
- 多職種カンファレンスにおけるコミュニケーションとして，IPW の実践になっていたでしょうか．CAIPE が示した IPW の 7 つの視点（第 1 章 25 ページ）で振り返ってください．
  - ケアの質の向上に努めること
  - 利用者と家族のニーズに焦点を当てること
  - 利用者と家族とともに取り組むこと
  - 他の専門職から彼らのことについてもともに学ぶこと
  - それぞれの専門職を尊重すること
  - 自分の専門的業務の質を高めること
  - 専門職としても満足度を上げること
- 相手を尊重するコミュニケーションや相互支援のコミュニケーションになっていましたか．（第 3 章 59 ページ参照）
- どのようにファシリテーションがなされていましたか．（第 3 章 62 ページ参照）
- 課題に向けたチームの力は発揮されていましたか．（第 4 章 83 ページ参照）
- この体験を通して，自分自身の連携力を客観的に振り返ってみましょう．

第７章　コロナ禍を経て地域共生社会に向かうIPWの発展（鼎談）

コロナ禍を経て地域共生社会に向かうIPWの発展，展望について編著者３名でオンライン鼎談を行いました.

【大塚】私は木戸先生とご一緒に，日本社会事業大学専門職大学院で，Interprofessional Work（IPW）論を2009年から15年にわたり担当してきました. 2013年からは鶴岡先生が加わり，ソーシャルワーカー，医師，看護職と３職種のIPWでこの科目を担当してきました. 同時に，ここ８年くらいは，認知症連携ケアをテーマに，認知症ケアに携わる専門職の人材育成と地域づくりの共同研究も行ってきました. そのようなとき，新型コロナウイルス感染症によるパンデミックを体験しました. この体験を通して，私たちはこれからの地域共生社会に向かう取り組みには IPW が不可欠であるという信念を強くいだき，共有するようになりました.

IPW 論のテキストを作ろうという話は，前からあったのですが，このたびのコロナ禍の体験に後押しされて，第６章までを書き進めてきました.

最後の第７章では，どうしてコロナ禍の体験がIPW普及の後押しになったのか，コロナ禍を経て地域共生社会に向かうIPWの発展の可能性について，３人で展望していきます. まず，それぞれ，自己紹介と，いっしょに行ってきたIPWの教育や共同研究，本書をまとめてきた感想をお願いします.

● 自己紹介

木戸宜子

【木戸】病院ソーシャルワークの実践経験を経て，日本社会事業大学専門職大学院で研究・教育に携わるようになりました．自分の研究テーマとして，保健医療福祉の連携・協働は当たり前のことになっていましたが，それだけでは実践の言語化，理論的説明は難しかったと思います．IPE，IPW，そして大塚先生に出会ってから，実践論，実践理論基盤として IPW を取り入れたことで，思考や教育の幅が広がったと感じています．

専門職大学院の IPW の授業を振り返ってみると，患者やクライエントのために，支援者がうまくまとっていこうというだけではなく，立場による意見の違いや対立構造，理念や目標の合意形成の困難さなど，自分たち自身の課題に向き合っていくようになったと思います．

また大塚先生，鶴岡先生，ほかの人々との認知症ケアに関する IPW の共同研究では，地域というフィールドを共有し，ソーシャルワークの立場性を理解してもらえたのがいちばんありがたかったことでした．問題解決よりも，地域基盤の実践，人々の生活を支える，社会福祉・ソーシャルワークのウェルビーイング志向は，保健医療のなかでも予防の考え方やヘルスプロモーションとつながっていることがわかったのは大きな収穫でした．

本書をまとめてみて，自分自身が研究課題としてきた地域を基盤としたソーシャルワークを基に，「IPW から包括的支援へ」というテーマに向き合う機会になったことをうれしく思います．

【鶴岡】医師になったのが 1993 年なので，地域医療に従事して 30 年になります．最初の 15 年は自治医科大学に籍を置き，大学病院をはじめへき地からドヤ街まで，さまざまな設定で地域医療の研鑽

鶴岡浩樹

を積みました．これらから他職種との連携が大事であることは知っていたつもりでした．2005年に当時埼玉県立大学におられた大塚先生が自治医大にこられました．いっしょに多職種連携の授業をできないかという話で，そのとき初めてIPEとIPWを知りました．

2007年に大学を離れ，在宅療養支援診療所を夫婦で開業しました．2011年の東日本大震災は私たち夫婦にとって大きな転換期となりました．妻は，平時からの密な連携が大切と考え，地元で多職種連携勉強会「つるカフェ」をはじめました．地域の専門職向けのIPEですね．私は介護や福祉の人材育成に関わりたいと思い，2013年から日本社会事業大学専門職大学院の教員となりました．入職と同時にIPWの授業をすることになり，大塚先生と再会しました．授業で理論や事例を学び直し，自分の現場にフィードバックしています．

【大塚】いまでこそ，皆さまに「IPEとIPWの大塚」といっていただけるようになりましたが，IPEとIPWに出会ったのは，1999年に埼玉県立大学の「連携と統合」の教育に関わるようになってからでした. 看護学生のころは, 医師と看護師は車の両論といわれており, 他の職種のことや連携協働について学んだ記憶はありません．看護師として病院で働きはじめて，医療ソーシャルワーカーや理学療法士，作業療法士たちも医療を担ってることがわかりました．それでも，多職種と連携協働するという認識は低かったと思います．

埼玉県立大学は看護学科，理学療法学科，作業療法学科，社会福祉学科があり,「連携と統合」を教育理念に据えていました．当時は「連携と統合」の意味もわかっていませんでしたが，たまたま4学科合同の「フィールド体験学習」という科目を担当することになり

大塚眞理子

ました．私にとって初めての体験で，ここから連携・協働にはまっていきました．

イギリスのIPEのことは，1990年代に日本の看護学雑誌に紹介されていましたが，私たちは知りませんでした．2002年にイギリスに視察に行って，埼玉県立大学で行っている「連携と統合」の教育は，IPEなのだと結びつきました．「専門職とはIPWができてこそ専門職といえる」という言葉に衝撃を受け，いままでやってきた看護教育だけでは専門職教育として片手落ちだったと気づきました．私のターニングポイントでした．

イギリスでは，CAIPEを中心に，IPEとIPWの普及と理論化が行われていました．2005年にCAIPEの人々を日本に招聘して，IPEとIPWの国際セミナーを埼玉県立大学で開催しました．このセミナーが日本の保健医療福祉系の大学にIPEが広がるきっかけになったと思っています．その後，欧米に学びながら，日本の実情に応じたIPEの教育方法やIPWの実践論が発展していきました．

鶴岡先生との出会いは，このころでした．4学科の先生方と「連携と統合」の教育の成果を明らかにする研究をすることになり，医学部の学生も入れたいということで，自治医科大学の地域医療学教室の門をたたき，そのときに鶴岡先生にお世話になりました．いまこうしてご一緒しているにのですから，不思議なご縁です．

木戸先生との出会いは，当時，日本社会事業大学の学長だった大橋謙策先生がIPEとIPWに関心をもってくださって，専門職大学院にIPW論を開講するので，非常勤講師にと声をかけてくださったのです．埼玉県立大学で社会福祉学科の先生方や学生さんと関わっていましたが，日本社会事業大学で授業をするのは異文化体験で，非常に緊張しました．このように長年続いている要因は，看護職の自分が福祉の皆さんとコラボすることで，看護職としても，教育研究者としても成長していることを実感できるからだと思います．木戸先生，鶴岡先生と一緒に授業内容を検討し，教材を作成してきたことで，IPW の理論化が進みました．埼玉で創ってきた IPW の二重構造が，三重構造や多重構造に発展させることができたり，福祉分野の事例分析の方法やシートの改編をすることができました．

先生方や受講生の皆さんともコラボレーションできたことに感謝しています．

１．コロナ禍の体験がもたらしたもの

【大塚】この本を書くことは前々から話していましたが，いま書かなくてはと，火をつけたのはコロナ禍の体験でした．コロナ禍以前は，地域包括ケアから地域共生社会へという移行の入り口でした．コロナ禍は，地域共生社会に向けた連携協働にどのような影響をもたらしたのか，そのことを振り返ってみたいと思います．

● 分断と新たなつながる手段の必要性

【鶴岡】コロナ禍が始まり，人と人の関係が分断されました．せっかく築いた顔のみえる関係も分断されました．新たな連携手段として，ICT 連携が進んだ感があります．また地域では感染した人に対する差別の問題が聞かれました．夜の街で感染症が広がっているようだ，など特定の地域や職種の人に対する差別感がありました．人との接触を避ける，移動の自粛などから，他県ナンバーの車をみて，ウイルスを持ち込んできているのではないかと感染を心配するようなこともありました．

【木戸】差別や孤立の問題に，社会福祉は長らく取り組んできまし

た．コロナ感染拡大の過程を通して，差別とは，人の好みによらず，不安や恐れから生じるということがわかりました．感染が怖いから，不安だから，その対象を遠ざけようとする．避けようとする．避けるべきは，感染につながる行動なのですが，感染した人を悪者にするのです．

コロナ禍を通して，人との距離感が変わりました．コロナ前から社会的孤立の問題にソーシャルワークは対応しようとしてきましたが，人と距離を取らざるを得なくなり，孤立の問題はこれからいっそう進んでしまうのではないかと危惧します．あちこちにみえない課題があると感じるようになりました．

そしてコミュニケーションのあり方が変わりました．オンライン授業やオンライン会議では，伝えたいことのねらい，意図が伝わりにくくなり，とまどいましたが，これは私たちにとっての手段，有用な発信のツールで，むしろ活用していくしかない，と思うようになりました．

コロナ禍を通して，物理的な距離を取らなければならないなかでも，コミュニケーションをもち，つながりをつくる，新たな意識づくりの基盤が必要になったと感じました．

【大塚】感染症の歴史をみると，古くはハンセン氏病や天然痘，ペストなどがあり，人々に不安と恐怖を与え，偏見や差別が生じていました．だんだん原因や治療法がわかり鎮静化しますが，感染症は昔も今も社会に不安や混乱を引き起こしています．今回のコロナ禍は，人と人との分断という点で深刻な状況でした．ところが，新しいコミュニケーションツールとしてコロナ前から台頭してきていた ICT が爆発的に普及する機会ともなりました．つまり，危機的なときにこそ，それを乗り越える新たな発展が生まれます．

【鶴岡】緊急事態宣言が発令され，在宅医療の現場では，他事業所の専門職と顔を合わせることが激減しました．当たり前のようにやっていたサービス担当者会議も最少人数や書面開催となり，つるカフェも一時休止せざるを得なくなりました．専門職も分断されてしまったのです．それでも患者さんや利用者さんには，日々さまざまな出来事が起こります．そのようななかで，ICT 連携が加速しました．私たちの地域では，医療介護連携専用 SNS を使っていますが，これまで登録していなかった専門職が次々と参加し，利用者さんの情報共有だけにとどまらず，さまざまな情報を共有するようになりました．つるカフェもオンラインを使って再開しました．

【大塚】私の大学ではコロナ禍で看護学生の病院実習や高齢者施設での実習ができなくなり，大変な事態でした．患者の治療は防護服で身をつつみ，医療者もいつ感染するかわからないとおびえ，不安を感じながらの治療でした．コロナ禍の体験は，支える側の医療者も，いつ支えられる側に回るかわからない，そのような危機的な体験でした．看護職は「患者のために」という利他性が身についていて自己犠牲をいとわない傾向があります．しかし，このたびは「自分も守る」ということを痛感しました．「患者を守り自分たちも守る」という，支援者としての価値の転換が生じたように思います．

● 全員当事者・地域全体の課題・専門職と住民との連携

【鶴岡】コロナ禍では，これまで支える側だった人も支えられる側だった人も全員が当事者となってしまいました．クラスターが起きたら，他の事業所が支えるという体制をつくらなければ住民の健康を守れないということで，いままでない多機関が手をつないだ予防的な連携が生まれました．自分たちの命も危ない，感染の終息がみえない危機的状況のなかで IPW が動いたと感じました．私たちの地域では体制づくりを行い，形が変わってきたと思いました．

介護保険施設や福祉施設に医師会の医師たちと，保健師，看護師らがチームで訪問し，感染予防の考え方を伝え，感染者が出た場合のゾーニングについても施設職員と一緒に現場で具体的に考えた．このような取組みは，いままでなかったことです．

【木戸】福祉施設の職員は，利用者の生活の場を制限するような事態に，非常に葛藤がありました．しかし，利用者を守るために，保健医療職と協力して，感染予防のために必要なことを考えました．

ひとつの施設で感染が広がると，対応する職員も休まなければならず，利用者をケアする人が不足する事態もありました．そのようなときに，施設間で職員を派遣し合うなどの体制がつくられたところもありました．また地域における人々の居場所や集いの場が制限されましたが，子育てサロンや高齢者のカフェをオンラインで行うなどの工夫が進んだところもあります．

【大塚】コロナ禍の行動制限により病院や施設の専門職連携は外部との連携がしにくかったのですが，それでも鶴岡先生がお話しされたように，医療機関同士の連携や，医療機関と介護施設の連携が活性化したのですね．また，木戸先生がお話しされたように，福祉施設からも医療との連携や施設間の協力体制の発展があったのですね．

ここまで話してきて，コロナ禍の前後で，連携協働のあり方の変化が確認できました．IPW の考え方の発展として，コロナ禍前の IPW を，IPW の基本である異なる２職種間の専門職連携，そして地域の多機関間連携や住民とも連携する地域連携の２つに分けて整理し，さらにコロナ禍の影響を受けた IPW について第 10 表に整理してみました．

表の左側の項目に，IPW の特徴など IPW の考え方を示しました．コロナ前の IPW については，第６章までで説明してきました．コロナの影響を受けて，IPW の支援の理念である「当事者中心」は，支

第 10 表　IPW の考え方の発展；コロナ禍前の IPW →コロナ禍の影響を受けた IPW

	コロナ前の IPW		コロナ禍の影響を受けた IPW
IPW の特徴	異なる 2 職間の専門職間連携	多機関連携や住民とも連携する地域連携	機関間連携や地域連携
IPW の場	主に同一施設内のケア	主に異なる施設に所属する専門職の間活動（退院支援や在宅ケア，地域ケア）	主に地域で支援に係る場
支援の理念	当事者中心	当事者中心	当事者も支援者も Win-Win
IPW に携わる人	利用者の支援を担う保健医療福祉系の専門職	利用者の支援を担う保健医療福祉系の専門職，地域支援者，地域住民，家族，当事者	当事者も支援者も含めすべての関わる人
IPW に携わる人の関係性	支える人 vs.支えられる人の関係	支える人 vs.支えられる人の関係	当事者も支援者も関係者
関係性の原則	専門職同士のパートナーシップ	専門職同士のパートナーシップ＋専門職と市民とのパートナーシップ	関係者同士のパートナーシップ
専門性の姿勢	専門職の自立	専門職の自立	専門職の自立＋市民としての自覚
支援の考え方	問題解決志向と目標志向	目標志向＋課題（問題）解決志向	目標志向＋課題（問題）解決型志向＋予防的支援の考え方
IPW のアプローチ方法	チームによる問題解決アプローチ（IPW の二重構造）	ゆるやかなチームによる課題解決アプローチ（IPW の二重構造）	ゆるやかなチームによる課題解決アプローチ？ 予防的アプローチの必要性？

援者もいつ当事者になるかもしれないという危機感が生まれ「当事者も支援者も win-win」と変わってきたように思います．したがって，IPW に携わる人は，当事者も支援者も含めて関わる人すべてになりますし，その関係性は互いに支え合う対等な関係になります．

関係性の原則は当然パートナーシップです．IPW では専門職の自立（自律）が強調されましたが，加えて市民としての自覚も大切になります．

支援方法としては，基本は医療の場合には同一施設内の短期的な問題解決型支援です．そして QOL が重視され多様で複雑な課題を抱える患者に対して，地域の多機関連携が必要となり，短期的な問題解決志向から長期的な課題解決志向へと移行しました．IPW がさらに当事者がどのような生き方，暮らし方がしたいのかというと目標を目指し，目標志向の支援になりました．退院支援や在宅ケア，地域ケアの場でも IPW が展開されていました．

コロナ禍の体験からは，地域で多機関連携や地域連携の必要性が高まり，医療と福祉の連携や地域住民と専門職との連携の壁が低くなったように思います．いままでの専門職同士の IPW の考え方が，地域住民と専門職が連携した支援に発展しているように思います．それは，事が重大にならないような予防的支援といえるのではないでしょうか．

私の体験では，研究フィールドでお邪魔している地域で，民生委員や自治会役員たちから専門職への情報発信が活発だったということがありました．地域でも人の行き来が制限されていましたので，ひとり暮らしの高齢者や認知機能が低下した人がどうしているのか心配だったんですね．民生委員や自治体役員の人たちが以前よりも地域包括支援センターや役所に連絡をくれるようになったんです．「あの人，認知症かもしれない，見に行ってくれないか？」というような連絡です．これは，地域での予防的支援の芽生えではないでしょうか．

2．地域包括ケアから見えてきた地域支援

● “予防”の概念の広がり

【鶴岡】はい，そう思います．地域で多機関が協働して予防的な取組みができれば，ある意味，地域包括ケアシステムの完成形といえるのではないでしょうか．たとえば防災の取組みでは，起こるかわからないけれど，起こることを想定して，方針を決めておく必要があります．ライフラインが途絶えた場合の水や食料の確保，投薬，連絡体制，バッテリー確保，人工呼吸器使用者への対応，安否確認

の優先順位と具体的な方法，孤立する可能性ある方の見守り，等々です．平時のときにできないことは，有事にはできません．予防的な連携は東日本大震災の教訓ですが，実はコロナ禍でも同じようなことが起こりました．専門職である自分が感染したら，利用者にうつしたら，クラスターが起きたら，どうすればよいか．起こらないかもしれないけれど，最悪の事態に陥らないことが大切ということで福祉や介護に関わる関係者全員が予防を意識し，対策を考え実施しました．これはすごい前進だと思っています．

【木戸】社会福祉では，起こった問題に対応する，問題解決を図るということが長らくいわれていましたが，そうなってから対応するのでは困難が大きすぎるということもわかってきました．そのため，早めに関わる，気になる状況であれば見守り続ける，という予防の考え方をもつようになったと思います．病気にならないとか，問題を抱えないようにするというのではなく．また全員で準備する，備える．病気になっちゃうときはなっちゃうものだから，全員で考えておく．

　また地域福祉では，もともとネットワークづくり，地域づくり，参加の機会や居場所づくりなど，ウェルビーイングを促進しようという考えがあります．

【大塚】もうひとつ，IPWのアプローチ方法ですが，第４章でIPWの構造的理解を解説しました．IPWの基本は二重構造で，問題解決プロセスとチーム形成プロセスが同時に動くチームによる問題解決アプローチでした．地域の多機関連携ではその外側に組織の理解や地域の理解が加わる多重構造になります．IPWとしては，取り組む課題が変化したり，チームメンバーの入れ替わりが生じ，長期に及ぶ支援になりますので，ゆるやかなチームによる課題解決アプローチです．コロナ禍の影響を受けたIPWでは，予防的支援を行うための新たなアプローチ方法が加わりそうですね．

● アウトリーチ

【木戸】地域福祉のなかでは，いうなればアウトリーチこそ，予防的支援，予防的な概念が入っているアプローチ方法です．支援を求める声をあげない，声をあげられない人に手を差し伸べる，アウトリーチしていく．アウトリーチは地域福祉，包括的支援の有効な方法論とされています．

【鶴岡】たとえば，認知症初期集中支援チームのアウトリーチがそうでしょうか．先手を打って訪問し，対応していこうというものですね．振り返れば，地域医療でもアウトリーチ的なことはやっていました．もう行ってみるしかないよね，ということで．ただ恥ずかしながら私はアウトリーチという言葉を日本社会事業大学に着任してから知り，手を差し伸べること，と理解しました．認知症初期集中支援チームが全国にできたことで，社会福祉から医療に発信される形でアウトリーチという言葉と考え方が共有されるようになったと思います．

【大塚】先手を打って訪問する予防活動は，公衆衛生看護として保健師が行ってきた保健活動です．

医療の分野で「予防」というと，健康な時期に，たとえば生活習慣病にならないような１次予防，検診を受けて病気を早期に発見する２次予防，病気の治療でリハビリテーションを行って機能低下を予防したり再発予防を行うということがあります．看護職のなかでも保健師は，１次予防や２次予防という保健活動を行っています．新生児の家庭訪問や３か月検診時の保健指導，脳卒中予防の食生活改善や運動促進などの集団指導，そのための住民の組織づくりなどを行っています．保健師の保健活動は日本の健康長寿に大いに貢献してきました．これは福祉でいうアウトリーチと類似するのでしょうか．

【木戸】アウトリーチは，私たち実践者の関心が地域に向かってきたことといえます．従来のように相談や支援の窓口で，問題を抱えた人が相談にくるのを待っている姿勢ではだめだということに気がついたのです．早期把握・早期対応が必要だと．

アウトリーチにも幅があります．支援者や周囲からみていて問題があるところに介入していくアウトリーチ．いまは大丈夫だが今後問題が顕在化・悪化していきそうなところに見守り・観察をしていくアウトリーチ．さらに問題の有無にかかわらず，暮らしやすい地域づくりをしていくこともアウトリーチに含められる場合があります．

【大塚】保健師の保健活動はアウトリーチという言葉を使ってはいませんが，健康的な暮らしを守る支援の方法として家庭訪問やニーズの掘り起こしをやっています．家庭訪問だけではなく，個別支援の場や集団指導の場で保健事業を行っています．保健師の保健活動は，予防的支援であり，福祉でいうアウトリーチと同じだと思います．

先ほど，私の研究フィールドの例をお話ししましたように，コロナ禍を経験して，地域住民のなかにも予防的な発想で専門職と連携しようという姿が芽生えています．これは福祉分野での予防的支援であり，IPWの支援方法として発展させる必要がありますね．保健師の保健活動のノウハウから学ぶことも多いと思います．IPWでは，異なる分野の専門用語について，用語の意味と具体的な事項の突き合わせをして理解を深めることが重要です．したがって，保健師の保健活動と福祉の予防的アプローチの突き合わせをして整理して，互いに有効な支援方法として共有することができますね．私たちにとっても今後の重要な課題です．

● ヘルスプロモーション

【大塚】保健師の保健活動には，集団指導があるとお話ししました．病気の予防，健康の維持増進としての予防的支援は，個人支援だけではなく，集団支援，いわゆるポピュレーションアプローチという支援方法もあります．それから，地域福祉でいうネットワークづくりや地域づくりも，保健活動の一環として保健師がおこなってきました．長野県須坂市は，「保健補導員発祥の地」といわれていて，昭和 33 年に保健師の活動に賛同した地域住民が保健補導員となって健康づくりの活動を始めたそうです．その組織化も保健師の保健活動です．

健康に関しては，WHO が「ヘルスプロモーション」ということを提唱しています．ヘルスプロモーションは，「人々が自らの健康をコントロールし，改善できるようにするプロセス」といわれています．当事者である住民 1 人ひとりの健康を重視していますし，そのための環境づくりや集団的な施策も含めています．ヘルスプロモーションは保健師の保健活動に取り入れられています．地域福祉でいうウェルビーイングを促進しようという考えは，ヘルスプロモーションと類似しませんか．

【木戸】「ポピュレーションアプローチ」というのは，社会福祉ではあまり耳慣れない言葉ですが，気になる，気がかりな状況にある，ありそうな人々に働きかけていくという意味はわかりますし，地域を基盤とした実践の中では重要なことだと思います．

地域福祉は，地域づくり居場所づくりから地域全体まで働きかけるという幅があるのです．地域での暮らし・健康の促進を意味する，ヘルスプロモーションという言葉は理解しやすいと思います．

3．地域共生社会の実現に向けて

● 求められる IPW

【木戸】コロナ禍前から進展していた，地域共生社会の実現に向けた取り組みについて，コロナ禍の影響を踏まえての実現について考えていきたいと思います．

地域福祉では包括的支援体制の構築が求められてきています．それには，これまで地域包括ケアシステムで培われてきたIPWを展開することが必須となります．包括的相談支援，多機関協働や継続的支援は，ひとつの職種やひとつの機関で完結させることが難しいニーズに，IPWによって対応することが前提となります．

【鶴岡】抽象的な話になってしまうのですが，医学や看護の領域では，教育や実践の振り返りをする時に「知識」「技術」「態度」の３つの視点から語られること多いです．ところが社会福祉の領域では「知識」「技術」「価値」なのです．「態度」ではなくて「価値」なのですよね．なぜかと考えたときに，ソーシャルワーカーは，時には刑余者や虐待の加害者などの支援もしなければならず，専門職としてすごく気持ちがゆらぐなかで支援しなければならない．自分としての価値観，専門職としての価値観の間で大きくゆらぐのだと思います．だから社会福祉では「価値」というものが大切で，それを決定づけるのが，専門職としての「倫理」だと思うのですよ．社会福祉士の人々が倫理綱領を大事にするのは，このような理由なのではないかと思います．そして，社会福祉の倫理観の前提となるのが「人権」なのだと，最近気づかされました．10年もかかってしまいましたが．この鼎談で出てきたコロナの差別も，根本は，人権問題ですよね．専門職大学院で行っているIPW論やIPEは，次なるステップとして，ここらへんに働きかけることができるのではないかと考えています．

【大塚】私は看護師として，患者中心に支援することは当たり前と思っていました．しかし病院で働いているときは，医師の治療方針に従わざるを得ないときもありました．医療職にもそれぞれ倫理綱領がありますが，IPWの考え方が浸透することによって，医師も含めて多職種が患者中心に，当事者中心にと言葉にするようになりました．この支援の理念を共有することできるという点で，IPWの推進は意味があると思います．

保健活動で発展してきた予防とアウトリーチの支援方法の突き合わせ，集団支援やヘルスプロモーションなど，保健活動と地域福祉の支援方法を突き合わせて共有していくことによって，地域共生社会に向かうIPWのアプローチ方法がみえてきますね．

● 包括的な支援が求められる状況やニーズ

【大塚】第１章で，「IPWは，複数の領域の専門職が患者とその家族のために，それぞれの知識と技術を提供し合い，ともに学び合いながら，共通の目標の達成を目指して一緒に行う支援活動」と定義づけました．病院などの施設内では，患者の問題が病気の症状や生活の困難など問題がはっきりしていますので，その問題についてIPWで取り組みました．しかし，地域共生社会の実現に向けた包括的支援は，人々の生活のしづらさや気がかりなことに注目するので，必ずしも問題や課題が明確ではないことが多いですよね．また，医療や介護保険などは，個人に対するサービスなので，家族に対する支援がし難いですよね．

【木戸】家族の複合的なニーズをとらえる視点も包括的支援に含まれます．福祉サービスやその制度は，個人のニーズや課題に対応することを基本としていますが，家族のなかにはニーズが複数，あるいは複合化していることはよくみられることです．逆に，老老世帯など，個人の生活力は低下していても，一緒に暮らしているから生活が成り立っていることもあります．いずれも，相談支援やサポート，エンパワメントなど，ソーシャルワークの実践視野としては，家族支援を念頭におかなければ，生活がみえなくなることも多々あります．家族員の個々のニーズにも目を向けなければならないし，家族としてもつ一体性にも目を向ける．それには多側面からの連携協働がなければ支援は進みません．

【鶴岡】在宅医療の現場では，近ごろ，複雑なケースが多くなっています．介護している家族が精神疾患をもっていたり，外国人労働者であったり，ヤングケアラーであったり，生活困窮者だったり，と家族への支援も同時に考えなければ前に進めないケースが増えてきました．高齢分野の関係者だけでは，もはやどうにもならず，他分野の窓口の相談担当者と連携する必要がでてきたのです．実際，ケアマネも困っていて，たとえば私の町ではケアマネと障害関係の相談支援専門員との合同勉強会を開催したりしています．重層的支援整備事業のように，ひとつの窓口で総合的に対応し，関係機関をつなげるような体制が育まれるとよいかと思っています．

● 課題意識の共有化

【木戸】地域包括ケアシステムから地域共生社会の実現に向けた包括的支援体制への展開が求められています．包括的支援は，社会福祉，地域福祉の話のように聞こえますが，保健医療の関わりが不要というわけにはいきません．地域における潜在的なニーズや，今後予測される課題などを把握するのには，多側面からのアセスメント，課題意識の共有化がなければ進みません．

【大塚】医療機関も地域包括ケアシステムのなかで，地域との連携を取って地域住民の健康問題に貢献しようとしています．病院の看護師も治療のための入院日数が短くなるなかで，退院後の自宅生活が継続するよう，再入院しないで暮らせるような退院支援のために，患者の地域のアセスメントや自宅環境のアセスメントをするようになっています．外来看護が重要視されるようになり，継続看護の視点での保健指導を行っていますし，地域に出向いて地域活動も行うようになりました.

【鶴岡】地域包括ケアシステムでは病院も介護保険施設も大事な社会資源であり，パートナーシップを組めるとよいですよね．病院と地域ではうまくいっている所もあれば，うまくいっていない所もあって，地域差があると思います．病院関係者が忙しさに忙殺され，地域に出てくることはなかなかできませんよね．もっと交流の場が増えるとよいし，対話する場面が増えると共通言語や共通認識が育まれると思います．そのように考えると，病院の出入り口で関わる退院支援ナースや MSW の活動がキーになるのではないかと思います．彼ら彼女らが地域の課題に興味をもっと注目してくれるとありがたいです.

【大塚】地域に共通する課題では，医療職と福祉介護職や，関係する人々が地域アセスメントや具体的取組を共有することが可能ですね．たとえば今回の感染症のこと，災害予防のこと，認知症のことなどは，地域に共通する健康的な暮らしの課題です．これらについては，いままで以上に課題意識が共有でき，一緒に取り組めると思います.

そのほかに，包括的な支援体制で必要なのは，新しい課題，地域で気づかれた課題ではないでしょうか.

【鶴岡】地域で気づかれた課題は，地域ケア会議に積極的にあげられるとよいと思います．そのような場でさまざまな立場の意見を踏まえて地域アセスメントができるとよいです．一方で，地域ケア会議にあげられた課題が施策につながるのかは，よくわかりません．地域にフィードバックしてほしいと思うし，そういう仕組みも必要です.

【木戸】地域のなかで課題としてはまだみえてこない潜在的ニーズ，でも放っておくといずれ悪化した問題として表れてくる．サービスにつながらない，まだ何とかできる人，放っておくわけにはいかない状況など，地域のなかでゆるやかな形でも，支え合うつながりが必要だと思います．インフォーマルなサポートや専門職のアウトリーチも必要だと思います．それは保健活動と同じだと思います．

見守りはなかなか成果としてとらえにくいのですが，早期対応が求められます．

● IPWの多重構造と伴走型アプローチ（支援）

【大塚】IPWの多重構造に当てはめて，地域で困っている人に気づいたところからIPWのイメージを書いてみました．第36図で示したIPWの二重構造は，元々のIPWの一重目の問題解決プロセスと二重目のチーム形成プロセスが一体的になっていることを示しています．まず，困っている人に気づいた人が，地域の関係機関の専門職に連絡します．連絡を受けた専門職が，支援の必要性を判断して関係者を集めて地域ケア会議を開き，チーム形成プロセスと連動してゆるやかなチームによる伴走型アプローチ（支援）として，包括的な個別支援を開始します．同時に，この気づきが地域住民に潜在するニーズであるかを判断して，地域の集団的な課題として共有できるのであれば，地域で組織的に取り組みます．その取り組みが地域のシステムづくりに発展するかもしれません．そうなると，地域の集団的な取り組みやシステムづくりの成果として地域に変化が生まれます．個別支援に反映されて継続支援につながります．伴走型アプローチ（支援）は個別支援でスタートしますが，地域の多機関連携や地域連携のなかに位置づけられます．いかがでしょうか．

【木戸】地域のなかでの気になる状況や課題を，どのようにコミュニケーションにのせるか，その教育が必要になってきています．気になることを共有する，ほかにも同様の状況がある，申し出ていないけれどニーズを抱えている人がほかにもいるということを共有す

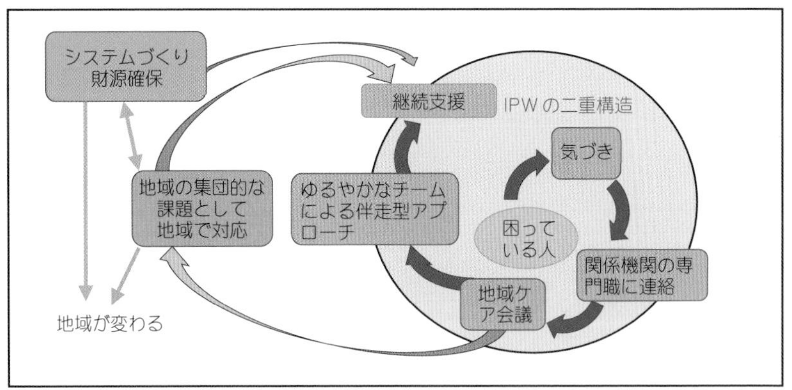

第 36 図　IPW の二重構造に位置づく伴走型支援（アプローチ）

ることが必要だと思います．ミクロのニーズを集約してメゾの対応を図る，アンテナを張る，ニーズを把握する，見通す目をもち，手当てするという展開ですね．

社会福祉では，個別のニーズを「ミクロ」，集団や地域に共通する課題やニーズを「メゾ」，社会全体の課題を「マクロ」と整理しています．また支援や活動についても，支援者の立場性や固有性に基づくミクロレベルの対応，チーム・組織による協働や地域連携はメゾレベル，制度や仕組みによる体制づくりをマクロレベルの活動と整理します．

【鶴岡】在宅医療のなかでも，自分から訴えないものの，困っているだろうと思われる高齢者や世帯などが見受けられることがありますね．このニーズに気づき，支援の枠組みに当てはめて取り組んでいくことが，地域共生社会の実現つながっていくんですね．

【木戸】地域共生社会の実現に向けては，個々の利用者に焦点をあてるだけではなく，すでにサービスを利用している人と同じような状況にある人，「同様のニーズをもつ人々」にも目を向けていくことが求められています．自ら支援を求めることができない状況の人々

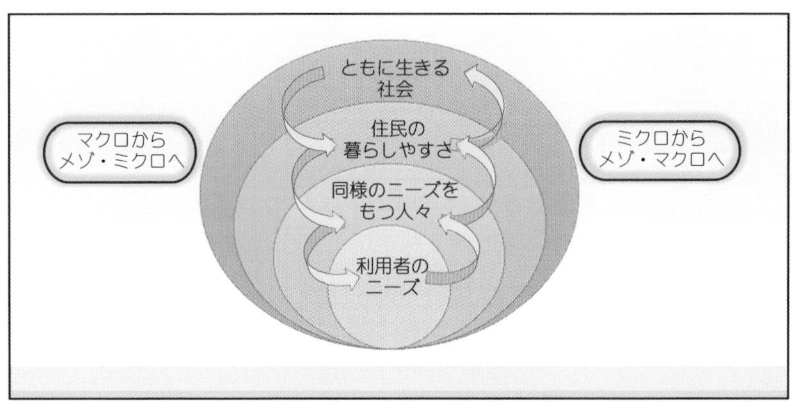

第37図　IPWにおける人々のニーズ

や，ニーズや課題を自覚しにくい状況もあるからです．

【鶴岡】訪問診療をしていると，確かに気になる人たちに出会うことがあります．たとえば，老老介護かと思ったら，実は引きこもりの息子が同居していて8050問題であった．精神疾患もありそうで医療にもつながっていない．あるいは，献身的に介護して両親を看取ったヤングケアラーたち．その後の面倒は，だれがみていくのか，等々です．

【木戸】把握されたニーズについては，そのときの対応で終わるのではなく，将来に向けた対応計画として「福祉計画への反映」をしていかなければなりません．

アウトリーチ等を通じた継続的支援事業においては，自らニーズを訴えることができない人々や支援が届いていない人々に，専門職のほうから関わり続けることが求められています．一見，家事支援の必要性があるとみられる人も，背後には何らかの疾病や障がいがある場合もあります．

【大塚】ニーズを的確に把握するには，多職種の専門的な観点から

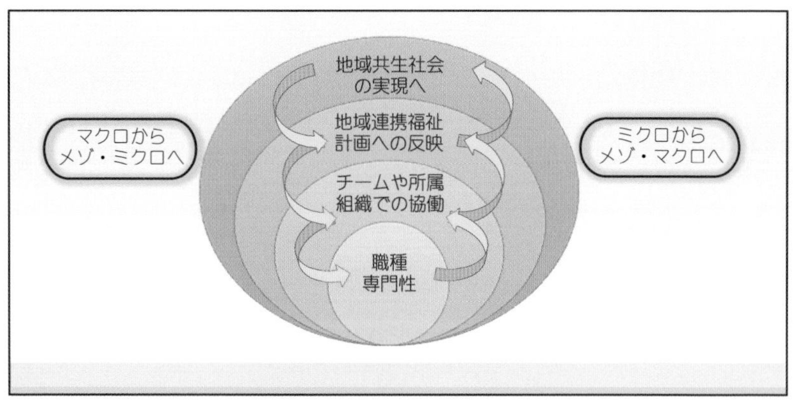

第 38 図　IPW における実践者の立ち位置

アセスメントをしていく必要があります．また時間経過によってニーズがかわってきたときには，多職種にも支援協力を求めたり，つなぐことによって多面的なアセスメントを発展させ，支援を継続することが必要となります．つまり，IPW の対応が必須になってきます．これらの取り組みは，専門職活動のあり方について IPW を前提としたものへと転換していくことになるでしょう．

【木戸】周囲の人々がそれに気づく，アウトリーチする，関係者が協力する．協力の輪を広げていくことによって「住民の暮らしやすさ」や「ともに生きる社会」を目指していきます．地域共生社会の実現に向けては，専門職だけではなく住民との協働，異なる立場の人々の連携協働という形での，IPW の重要性が高まっています．

【大塚】専門職はそれぞれ独自の「専門性」があり，専門的な支援活動を行ってきました．地域包括ケアにおいては，その専門性を発揮しながら，「チームや所属組織での協働」により，利用者の多様な暮らしのニーズに対応するところに IPW の大きな意義がありました．

【木戸】「地域共生社会の実現」に向けては，医療や介護のニーズをもつ人々のみならず，暮らしにくさや困難状況，地域課題や潜在的ニーズにも目を向けていくことが求められています．包括的相談支援事業や，多機関協働事業，アウトリーチ等を通じた継続的支援事業などにより，専門職が連携協働して進めていくこと，すなわちIPWが必須です．

【大塚】個別支援が広がりますね．コロナ禍ではっきりしてきた，支援をする人，受ける人という立場は固定するものではなく，入れ替わることもあり，双方WIN-WINという関係での連携協働ですね．

私は，IPWの多重構造を描いたときに，ひとりの専門職と支援の対象となる患者や利用者との１対１の対応がミクロレベル，１人の専門職が同職種や異なる職種と連携協働して行うIPWによる支援がメゾレベル，専門職が所属する組織を巻き込んで行う機関間連携や住民とも連携する地域連携もメゾレベル，さらにシステムづくりや施策提言につながる活動がマクロレベルと思ってきました．社会福祉でいう，ミクロ・メゾ・マクロという実践活動のレベルはまさに，IPWと一致し，IPWは地域共生社会の実現に向けて包括的支援体制に求められる支援方法であると改めて思います．

● 福祉と医療の関係

【鶴岡】従来の相談窓口や対応する職種は，ニーズや対象によって分かれていたため，時には相談にきた人をたらい回しにするようなこともありました．医療は医療職，福祉の問題は福祉職という感じでしょうか．複合化した課題をもっていると，対応が難しいので，そちらの窓口でよろしくと譲り合ったりということもありました．

【木戸】包括的相談支援においては，複合化したニーズにも対応するよう，断らない相談，受け止める機能が求められています．それには「チームや所属組織での協働」により，保健医療福祉等の多職種による対応体制すなわち IPW が必須です．

機関間協働事業においては，ひとつの機関で対応できないような複雑なニーズや課題にも「地域連携」として，機関間の連携，専門職の協働，すなわち IPW をもって対応することが求められています．

【大塚】包括的相談支援や機関間協働事業に，医療機関がどのように関わっていくかですね．たとえば，医療機関と地域ケア機関が情報や方針などを共有し，利用者の，地域住民の健康を守っていくということを，これらの事業を使って実現していくことが，福祉と医療をつなぐ課題ですね．

この鼎談で，コロナ禍を経て地域共生社会の実現に向けて包括的な支援体制に求められる IPW について，かなりイメージがついてきました．第 11 表に，先ほどの第 10 表の続きとして整理してみました．地域共生社会の実現に向けた地域福祉のさまざまな政策，事業ができてきていますので，IPW の考え方については，コロナ禍で経験した内容を反映させていけると思います．支援方法として，ミクロレベルの個別支援については，目標志向＋課題（問題）解決志向＋予防的支援の考え方であり，メゾレベルである集団支援や地域（システム）づくりが加わっています．さらに，支援方法の手段として，アウトリーチという予防的アプローチ，集団指導の手段としてのポピュレーションアプローチを IPW で実施するということになると思います．ヘルスプロモーションが福祉と医療をつなぐカギになりそうです．

● 関係者のコミュニケーション力

【大塚】地域共生社会に向けて IPW は，福祉活動のミクロ・メゾ・マクロレベルで必要な考え方であり，手法であることを確認しました．最後に，IPW に関わる関係者に必要な能力として，第 3 章で述

第 11 表　コロナ禍を経た地域共生社会に求められる IPW

	コロナ禍の影響を受けた IPW
IPW の特徴	機関間連携や地域連携
IPW の場	地域：住民の暮らしの場
支援の理念	当事者も支援者も Win-Win
IPW に携わる人	当事者も支援者も含め関わる人すべて
IPW に携わる人の関係性	当事者も支援者も互いに対等な関係
関係性の原則	関係者同士のパートナーシップ
専門性の姿勢	専門職の自立かつ市民としての自覚
支援の考え方	目標志向＋課題（問題）解決志向＋予防的支援の考え方，集団支援，地域（システム）づくり
ミクロ・メゾレベルでの IPW のアプローチ	ゆるやかなチームによる伴走型アプローチ+予防的アプローチ（アウトリーチ）
メゾ・マクロレベルでの IPW のアプローチ	ヘルスプロモーション，ポピュレーションアプローチ，予防的アプローチ（アウトリーチ）

べた連携力は，IPW を実践する関係者に必要であることを強調しておきたいと思います．

【鶴岡】私は地元の地域ケア会議推進協議会の委員を務めています．民生委員，障がい相談員，ケアマネジャー，生活支援コーディネーターなど，さまざまな立場の委員から構成されていますね．専門職でない人もおられますから，可能な限り専門用語は使わず，わかりやすい言葉を選んで，コミュニケーションするようにしています．

【大塚】そうなのです．異なる立場や考え，異なる専門性をもった関係者が集まって活動するのですから，関わり方のルールやコミュニケーション方法を身につけることが大切です．話し合いの場であるカンファレンスの運営は，参加者１人ひとりの参加姿勢やコミュニケーションによって，その成果に影響が出ます．関係者それぞれがIPWのためのコミュニケーション力を高めることによって，IPWはさらに発展すると思います．

【木戸】IPWは，保健医療福祉の多職種連携を中心に，地域包括ケアシステムで大きく発展してきました．地域共生社会の実現に向けても，保健医療福祉の多職種連携は，人々の健康や生活のニーズに寄り添う存在として欠かすことができません．

加えて，住民もサービス利用者も専門職も含めた，包括的な支援体制を共創する大きな展開期にきたと思います．職名をもった専門職だけではなく，住民はその町の専門家，サービス利用者もそのニーズの専門家です．それぞれの立場や役割を認め合い，話し合い，関わり合って，地域を創り合う．地域共生社会に向けて，そのようなインタープロフェッショナル・ワークとして発展していくと思います．

索　引

地域共生社会をつくる

多職種連携・協働のあり方とは

2023 年10月20日　第 1 版

定　価　本体2,400 円＋税
編著者　大塚眞理子・木戸宜子・鶴岡浩樹
発行者　吉岡　千明
発行所　株式会社 ワールドプランニング
〒162-0825　東京都新宿区神楽坂4-1-1
Tel：03-5206-7431
Fax：03-5206-7757
E-mail：wp-office@worldpl.co.jp
https://worldpl.co.jp/
振替口座　00150-7-535934
印　刷　三報社印刷株式会社

ISBN978-4-86351-257-3 C3036